Nelson Mandela *Meine afrikanischen Lieblings-märchen*

Nelson Mandela *Meine afrikanischen Lieblingsmärchen*

Aus dem Englischen von
Matthias Wolf

C.H. Beck

Der Übersetzung liegt folgende Ausgabe zugrunde:
Madiba Magic. Nelson Mandela's Favourite Stories for Children,
© 2002 Tafelberg Publishers Ltd., 28 Wale Street, Kapstadt, Südafrika

9. Auflage 2016
© Verlag C.H. Beck oHG, München 2004
Gesetzt aus der Centaur im Verlag C.H. Beck
Gedruckt von Druckerei Joh. Walch, Augsburg
Einband: Conzella Verlagsbuchbinderei, Aschheim
Gedruckt auf säurefreiem, alterungsbeständigem Papier
(hergestellt aus chlorfrei gebleichtem Zellstoff)
Printed in Germany
ISBN 978 3 406 69428 8

www.chbeck.de

Inhalt

Vorwort   «*Wir meinen nicht wirklich,*
wir meinen nicht wirklich, dass das, was wir jetzt erzählen werden,
auch wahr ist.»

Mit diesen Worten pflegen die Geschichtenerzähler der
Ashanti ihre Erzählungen zu beginnen, und vielleicht eig-
nen sie sich auch als Einleitung zur vorliegenden Antho-
logie, denn die meisten dieser Geschichten haben im
Laufe der Jahrhunderte zahlreiche Wandlungen erfahren.
Sie wurden ausgeschmückt und erweitert, und bisweilen
sind sie von einem Volk oder einer ethnischen Gruppe auf
eine andere übergegangen.

Eine Geschichte ist eine Geschichte, und deshalb kann man sie so erzählen,
wie es der eigenen Phantasie, dem eigenen Wesen oder der jeweiligen Umwelt
entspricht; und wenn die Geschichte Flügel bekommt und zum Eigentum anderer wird, dann sollte man sie auch nicht aufhalten. Eines Tages kehrt sie zu einem
selbst zurück, bereichert durch neue Details und mit einer neuen Stimme. Dieses
besondere Merkmal der Volksmärchen kommt in den traditionellen Schlusswor-
ten des Ashanti-Erzählers zum Ausdruck: «Dies ist meine Geschichte, die ich erzählt habe, ob sie nun schön war oder nicht – mögen Teile fortgetragen werden
und Teile davon zu mir zurückkehren.»

Die Sammlung enthält ein paar der beliebtesten Geschichten, Kostbarkeiten,
die die unverfälschte Aura Afrikas verströmen, in vielen Fällen aber auch von
universaler Bedeutung sind, nämlich dort, wo sie von Menschen, Tieren und dem
Mystischen sprechen.

Der Leser wird hier eine Vielfalt beliebter Motive aus afrikanischen Erzählungen wiederentdecken oder ihnen vielleicht auch zum allererster Mal begegnen.
Da ist etwa die pfiffige Kreatur, der es gelingt, jeden zu überlisten, selbst sehr viel
größere und stärkere Gegner: Hlakanyana bei den Zulu und Xhosa oder San-

7

khambi bei den Venda; der Hase, ein verschlagener kleiner Gauner; der listige Schakal, der meist in der Gestalt des Tricksters daherkommt; die Hyäne (die manchmal mit dem Wolf gleichgesetzt wird) in der Rolle des ewigen Verlierers; der Löwe als Herrscher, der die Tiere mit Geschenken bedenkt; die Schlange, die Furcht einflößt, zugleich aber auch ein Symbol der Heilkraft ist, oft in Verbindung mit der Kraft des Wassers; magischer Zauber, der Unheil oder Freiheit bringen kann; Menschen und Tiere, die andere Gestalt annehmen; schauerliche Kannibalen, die Erwachsene und Kinder gleichermaßen erschrecken.

Die Sammlung enthält aber auch einige neue Geschichten aus verschiedenen Teilen Südafrikas und des übrigen Kontinents, die diese alten Schätze ergänzen.

Möge die Stimme des Geschichtenerzählers in Afrika nie verstummen; mögen alle Kinder Afrikas das Wunder der Bücher erleben und nie ihre Fähigkeit verlieren, ihr Leben auf dieser Erde durch die Magie der Märchen zu bereichern.

Der betörende Gesang des Zaubervogels

Diese ostafrikanische Geschichte über die Unschuld und die Kraft von Kindern wurde zu Beginn des 20. Jahrhunderts in Benaland, Tanganjika (heute zu Tansania gehörend) von Pastor Julius Oelke von der Berliner Kirchenmission aufgezeichnet. Die Illustration stammt von Piet Grobler.

Eines Tages kam ein seltsamer Vogel in ein kleines, zwischen Hügeln eingebettetes Dorf. Von diesem Augenblick an war nichts mehr sicher. Alles, was die Dorfbewohner auf den Feldern anpflanzten, verschwand über Nacht. Jeden Morgen gab es weniger Schafe, Ziegen und Hühner. Selbst tagsüber, während die Leute auf dem Land arbeiteten, kam der Riesenvogel, brach ihre Lagerhäuser und Kornspeicher auf und stahl ihnen ihre Wintervorräte.

Die Dorfbewohner waren am Boden zerstört. Überall herrschte Not – allenthalben waren Klagelaute und Zähneknirschen zu hören. Niemand – nicht einmal der tapferste Held des Dorfs – konnte des Vogels habhaft werden. Er war einfach zu schnell für die Menschen. Kaum, dass sie ihn einmal sahen: Sie hörten nur das Rauschen seiner mächtigen Schwingen, wenn er sich in der Krone der uralten Steineibe unter dichtem Laubwerk niederließ.

Der Dorfvorsteher riss sich die Haare aus vor Verzweiflung. Eines Tages, nachdem der Vogel auch ihm das Vieh und die Wintervorräte geplündert hatte, befahl er den älteren Männern, ihre Beile und Buschmesser zu schärfen und geschlossen gegen den Vogel vorzugehen. «Fällt den Baum – das ist das einzige, was hilft», sagte er.

Mit blank gewetzten Beilen und Buschmessern bewaffnet, näherten sich die älteren Männer dem Baum. Die ersten Schläge waren wuchtig und trafen den

9

Stamm tief ins Mark. Der Baum erzitterte, und aus dem dichten Laub seiner Krone tauchte der seltsame, geheimnisvolle Vogel auf. Ein honigsüßes Lied entströmte seiner Kehle. Es drang den Männern ins Herz und erzählte von fabelhaften, fernen Dingen, die nie wiederkehren würden. So betörend war der Klang, dass die Männer, einer nach dem anderen, ihre Beile und Buschmesser fallen ließen. Sie sanken auf die Knie und starrten mit sehnsüchtigen, wehmutsvollen Blicken hinauf zu dem Vogel, der da in seiner ganzen farbenfrohen Pracht für sie sang.

Den Männern wurden die Hände schwach. Ihre Herzen wurden weich. Nein, dachten sie, ein so schöner Vogel könnte nie soviel Schaden und Zerstörung anrichten! Und als die Sonne rot im Westen unterging, wankten sie wie Nachtwandler zurück zum Dorfvorsteher und sagten ihm, nichts, aber auch gar nichts könne sie dazu bewegen, dem Vogel irgendein Leid anzutun.

Der Vorsteher wurde sehr ärgerlich. «Dann müssen mir eben die jungen Männer des Stammes helfen», sagte er. «Die jungen Burschen sollen die Macht des Vogels brechen.»

Am nächsten Morgen nahmen die jungen Männer ihre glänzenden Beile und Buschmesser und machten sich auf den Weg zum Baum. Die ersten Schläge waren wieder wuchtig und trafen den Stamm tief ins Mark. Und genau wie zuvor öffnete sich das grüne Laubdach des Baumes, und der seltsame Vogel erschien in all seiner vielfarbigen Pracht. Wieder schallte eine höchst wundersame Weise durch die Hügel. Betört lauschten die jungen Männer dem Lied, das ihnen von Liebe und Tapferkeit und den heldenhaften Taten sprach, die ihrer harrten. Dieser Vogel kann nicht schlecht sein, dachten sie. Dieser Vogel kann nicht bösartig sein. Den jungen Männern wurden die Arme schwach, die Beile und Buschmesser entglitten ihren Händen, und sie knieten nieder wie vor ihnen die älteren Männer, um dem Gesang des Vogels wie in Verzückung zu lauschen.

Als die Nacht hereinbrach, taumelten sie verwirrt zum Vorsteher zurück. In den Ohren klang ihnen noch immer der betörende Gesang des geheimnisvollen Vogels. «Es ist unmöglich», sagte der Anführer der Gruppe. «Niemand vermag der Zauberkraft dieses Vogels zu widerstehen.»

Der Vorsteher war wütend. «Jetzt bleiben nur noch die Kinder», sagte er. «Kinder hören genau, und ihr Blick ist klar. Ich werde mit den Kindern gegen den Vogel losziehen.»

Am nächsten Morgen gingen die Kinder des Stammes unter der Führung des Dorfvorstehers zu dem Baum, auf dem der seltsame Vogel saß. Sobald sie auf den Stamm einhackten, öffnete sich das Laubdach und der Vogel erschien wie schon zuvor – in all seiner berückenden Schönheit. Doch die Kinder schauten nicht nach oben. Ihre Blicke blieben auf die Beile und die Buschmesser in ihren Händen gerichtet. Und sie hackten, hackten, hackten zum Rhythmus ihrer eigenen Musik.

Der Vogel begann zu singen. Der Vorsteher hörte wohl, dass sein Gesang von einzigartiger Schönheit war, und er merkte, wie ihm die Hände schwach wurden. Doch die Ohren der Kinder vernahmen nichts als die eintönigen, regelmäßigen Schläge ihrer Beile und Buschmesser. Und wie betörend der Vogel auch singen mochte, die Kinder hackten, hackten und hackten immer weiter.

Schließlich ächzte der Stamm und zerbarst. Der Baum stürzte zu Boden und mit ihm fiel der seltsame, geheimnisvolle Vogel. Der Vorsteher fand den Vogel auf dem Boden liegen, erschlagen vom Gewicht der Äste.

Von überall her kamen die Menschen herbeigeeilt. Die kampferprobten älteren Männer und die starken jungen Männer konnten nicht glauben, was die Kinder mit ihren dünnen Ärmchen vollbracht hatten!

An diesem Abend ließ der Dorfvorsteher ein großes Fest feiern, um die Kinder für ihre glanzvolle Tat zu belohnen. «Ihr seid die Einzigen, die genau hören und einen klaren Blick haben», sagte er. «Ihr seid die Augen und Ohren unseres Stammes.»

Die Katze, die ins Haus kam

Erzählungen über die Domestizierung von Hunden gibt es relativ viele, aber diese Shona-Geschichte aus Simbabwe, die der Musikforscher und Volkskundler Hugh Tracy erstmals in der Sprache der Karanga hörte, erklärt, wie Katzen zu beliebten Haustieren wurden. Die Illustration stammt von Jean Fullalove.

Es war einmal eine Katze, eine wilde Katze, die ganz allein draußen im Busch lebte. Nach einer Weile hatte sie das Alleinsein satt und nahm sich einen Mann, eine andere Wildkatze, die ihr das herrlichste Geschöpf im ganzen Dschungel erschien.

Eines Tages, als sie gerade durch das hohe Gras streiften, kam – *zisch* – Leopard aus dem Gras gesprungen, und ehe Katzenmann es sich versehen hatte, lag er in einem Fellknäuel, die Pfoten von sich gestreckt, im Staub.

«O-oh!», sagte Katze. «Nun, da mein Mann von Staub bedeckt ist, erkenne ich, dass er nicht das herrlichste Geschöpf im ganzen Dschungel ist. Das ist Leopard.» So tat sich Katze mit Leopard zusammen.

Sie lebten fortan sehr glücklich, doch eines Tages, als sie gerade im Busch jagten, sprang plötzlich – *witsch* – Löwe aus dem Schatten hervor, genau auf Leopards Rücken und fraß ihn mit Haut und Haaren.

«O-o-oh!», sagte Katze. «Jetzt sehe ich, dass Leopard nicht das herrlichste Geschöpf im ganzen Dschungel ist. Das ist Löwe.»

So tat sich Katze mit Löwe zusammen.

Sie lebten fortan sehr glücklich, doch eines Tages, als sie gerade durch den Wald pirschten, ragte plötzlich eine riesige Gestalt über ihnen auf und – *stampf* – trat Elefant mit einem Fuß auf Löwe und zermalmte ihn.

«O-o-oh!», sagte Katze. «Jetzt sehe ich, dass Löwe nicht das herrlichste Geschöpf im ganzen Dschungel ist. Das ist Elefant.»

So tat sich Katze mit Elefant zusammen. Sie kletterte ihm auf den Rücken und ließ sich schnurrend genau zwischen seinen beiden Ohren nieder.

Sie lebten fortan sehr glücklich, doch eines Tages, als sie gerade durch das hohe Schilf unten am Flussufer zogen, machte es *wumm*, und Elefant sank zu Boden.

Katze schaute sich um, aber alles, was sie sehen konnte, war ein kleiner Mann mit einem Gewehr.

«O-o-o-oh!», sagte Katze. «Jetzt sehe ich, dass Elefant nicht das herrlichste Geschöpf im ganzen Dschungel ist. Das ist der Mann.»

So folgte Katze ihm den ganzen Weg bis zu seinem Haus, und sprang auf das Strohdach seiner Hütte.

«Endlich», sagte Katze, «habe ich das herrlichste Geschöpf im ganzen Dschungel gefunden.»

Sie lebte sehr glücklich oben auf dem Strohdach und begann die Mäuse und Ratten zu jagen, die in dem Dorf lebten. Eines Tages aber, als sie gerade auf dem Dach saß und sich in der Sonne wärmte, hörte sie ein Lärmen aus der Hütte dringen. Die Stimmen von dem Mann und seiner Frau wurden immer lauter, und plötzlich – *wara-wara-wara … yo-we!* – kam der Mann herausgetaumelt und fiel kopfüber in den Staub.

«Aha!», sagte Katze. «Jetzt weiß ich *wirklich*, wer das herrlichste Geschöpf im Dschungel ist. Das ist die Frau.»

Katze kletterte vom Strohdach hinunter, spazierte in die Hütte hinein und hockte sich an die Feuerstelle.

Und dort sitzt sie auch heute noch.

Der Große Durst

Dieses Märchen der Buschmänner erklärt, wie die ersten Tiere Weideland und Wasser fanden. Es wird hier von dem Volkskundler Pieter W. Grobbelaar nacherzählt und ist von Judy Woodborne illustriert.

Vor langer, langer Zeit, als Kaggen* die Tiere schuf, gab es auf der Erde keine Quellen, keine Flüsse oder Wasserlöcher. Alles, was die Tiere zu trinken hatten, war das Blut der anderen, und so fraßen sie sich gegenseitig das Fleisch von den Knochen. Ja, das waren die blutigen Zeiten, und niemand konnte seines Lebens sicher sein.

Da sagte Elefant der Große: «So kann das nicht weitergehen. Ich wünschte, ich wäre tot. Dann könnten meine Knochen zu Obstbäumen werden, meine Sehnen zu Ranken, die über den Boden wuchern und Tsamma-Melonen tragen, und mein Haar zu einem grasbewachsenen Feld.»

Und die Tiere fragten ihn: «Wie lange müssen wir noch warten, Elefant? Wie lange müssen wir noch warten? Elefanten leben doch eine lange, lange Zeit!»

«Das weiß ich auch nicht», sagte Elefant. «Da müssen wir abwarten.»

Aber Schlange sagte: «Ich helfe dir!» Und ehe Elefant noch etwas tun konnte, hatte sie ihn mit ihren Giftzähnen gebissen und ließ ihn nicht los, bis Elefant gestorben war.

Da stürmten die Tiere los! Löwe und Leopard, Schakal und Hase, sogar Alte Schildkröte auf ihren X-Beinen. Sie fraßen und fraßen von Elefants Fleisch und tranken sein Blut und hörten erst auf, als nur noch seine Knochen übrig waren, seine Sehnen und sein Haar. Dann legten sie sich schlafen, denn jeder hatte sich den Bauch vollgeschlagen.

Doch als sie am nächsten Tag aufwachten, hoben die Tiere von neuem zu klagen an. «Jetzt, wo Elefant tot ist und sein Fleisch aufgefressen, wo sollen wir

* Göttlicher Zauberer der Buschmänner

da Futter herbekommen?» Und hätten sie Tränen gehabt, sie hätten bestimmt geweint, aber die Sonne hatte ihre Körper ausgetrocknet, sogar ihre Augen.

«Seid unbesorgt», sagte Schlange. «Erinnert ihr euch nicht, was Elefant versprochen hat?»

«Er sagte, wenn er *stirbt*…», erwiderten die Tiere. «Aber du hast ihn *getötet*.»

«Beschwert euch nicht immer», sagte Schlange. «Alles braucht seine Zeit. Wartet's nur ab. Ist jemand unter euch, der *mein* Blut trinken will?»

Aber die Tiere hatten Angst vor Schlanges Giftzähnen und blieben stumm.

Als in dieser Nacht die Sterne einer nach dem anderen von ihrem Ruheplatz aufstiegen, stand ein neues Flammenlicht am Himmel. «Das ist Elefants Geist!», sagten die Tiere erschrocken. «Bestimmt kommt er, um uns allen den Garaus zu machen.»

«Wartet's nur ab», sagte Schlange.

Und Elefants Augen waren zwei glänzende, brennende Kohlen, die hoch in den Himmel emporkletterten, bis sie genau über der Stelle zum Stehen kamen, an der die Tiere seinen Körper aufgefressen hatten.

Und plötzlich richteten sich seine Knochen auf, schlugen Wurzeln und bekamen Äste voller Früchte. Und seine Sehnen breiteten sich über die ganze Erde aus und trugen Melonen. Sein Haar aber wurde zu einem grasbewachsenen Feld, auf dem die Tiere weiden konnten.

«Jetzt haben wir Futter!», riefen die Tiere, als sie zu grasen begannen. Doch einige von ihnen, die Fleisch und Blut zum Überleben brauchten, schlichen sich des Nachts davon: Löwe und Leopard, Schakal und Wolf, Wildkatze und Eule.

Und als die anderen Tiere sich schlafen legten, kamen sie heimlich hervor, um zu töten und zu fressen. Falke war so frech, dass er sich seine Beute bei helllichtem Tage suchte. Nur Geier sagte: «Ich will auch Fleisch, aber selber töten will ich nicht dafür.»

Obwohl sie jetzt Futter hatten, waren die Tiere noch immer nicht zufrieden.

«Wasser! Wasser! Wasser!», jammerten sie. «Wir kommen um vor Durst.»

«Aber die Früchte sind doch voller Wasser», sagte Schlange. «Und die Tsammas und das Gras.»

«Wasser! Wasser! Wasser!», stöhnten die Tiere, und wie früher schauten sie sich gegenseitig an, welches von ihnen wohl das frischeste, süßeste Blut hätte, das sie trinken konnten.

«Elefant hat seinen Körper für euch hingegeben», sagte Schlange zornig. «Und ich habe euch mein Gift geschenkt. Aber nie seid ihr zufrieden.» Den Tieren war nicht klar, dass Schlange ihr ganzes Gift verbraucht hatte, um Elefant den Großen zu töten. «Wartet einen Augenblick», sagte Schlange, «ich werde Wasser für euch machen!»

Darauf verschwand Schlange in einem Erdloch und zischelte und blies und spie Ströme von Wasser, bis das Wasser aus dem Boden hervorsprudelte und sich über die kahlen Ebenen bis in die Senken hinein ergoss.

«Jetzt haben wir eine Quelle und Flüsse und Wasserlöcher!», sagten die Tiere und waren sehr zufrieden.

So kam es, dass die Tiere Futter und Wasser fanden, und deshalb sprechen wir auch heute noch vom Elefantengras und der Wasserschlange.

Bescherung bei König Löwe

Eine Khoi-Geschichte,
in der die ersten Tiere Schwänze, Hörner und Felle von König Löwe erhalten, hier nacherzählt von Pieter W. Grobbelaar und illustriert von Marna Hattingh.

König Löwe gab ein großes Fest, und jedes Tier musste hingehen, denn eine Einladung vom König durfte niemand ausschlagen. Nur die Antilopenweibchen erhoben Protest. «Oh nein», sagte Frau Kudu. «Löwe wartet nur darauf, sich an den Angehörigen unserer Familie gütlich zu tun. Woher sollen wir wissen, dass er uns nicht auffrisst, wenn wir zu seinem Fest gehen?»

«Ja, ja, ja!», stimmte eine ganze Gruppe von Antilopenweibchen zu.

«Dann gehe ich eben allein», sagte Herr Kudu. «Wenn ich nicht gehe, könnte es Ärger geben.»

«Ja, gehen wir», sagten die anderen Antilopenmännchen.

Die Antilopenweibchen schnaubten zornig und bewegten keinen einzigen Huf. Nur die alte Ziege konnte einer Einladung, bei der es etwas zu fressen gab, nicht widerstehen – selbst auf die Gefahr hin, dass sie selbst am Ende von den anderen gefressen würde!

Und so trafen die Tiere eins nach dem anderen bei Hofe ein. Leopard und Kaninchen, Zebra und Maulwurf, Elefant und Schlange und Iltis. Pavian war zu neugierig, um wegzubleiben; Esel war zu dumm. Auch Pfeifhase und Hippopotamus und Spitzkopfeidechse waren da, ebenso wie Hyäne und Schakal. Oh ja – es war das beste Fest aller Zeiten.

Zuerst wurde ein wenig getanzt, wobei Pavian die Führung übernahm. Dann wurde ein wenig gesungen, und Schakal war gut bei Stimme. Danach aßen sie

Honig und tranken Milch. Sogar Löwe und Leopard und Luchs und Hyäne aßen mit den anderen, als hätten sie nie Blut gekostet. Aber Löwe hatte befunden, dass man bei einem Fest kaum die Familienangehörigen der Gäste auftischen könnte.

«Hört her, meine Tiere!», sagte Löwe, als er den Honigtopf sauber geschleckt hatte (denn ein König isst immer als erster und als letzter und dazwischen auch noch eine ganze Menge – die anderen müssen einfach nehmen, was sie kriegen). «Hört, meine Tiere», sagte er noch einmal. «Ich möchte jedem von euch etwas schenken, damit ihr seht, was für ein guter König ich bin.»

«Danke, danke, danke!», schrien die Tiere und rangelten um den besten Platz, denn jedes hatte Angst, das andere könnte das beste Geschenk bekommen, ehe es selbst an der Reihe wäre.

«Langsam, langsam!», brüllte Löwe. «Wer sich vordrängelt, kriegt gar nichts – und die Raffgierigen kommen als letzte dran.»

Damit kehrte etwas Ruhe ein.

«Wer von euch Hörner haben will», sagte Löwe, «stelle sich auf eine Seite!»

«Hörner?» Kudu schaute seine Freunde fragend an. «Meint ihr nicht, Hörner würden uns gut zu Gesicht stehen?»

«Ja, ja, ja», schrien die Antilopen und stellten sich auf eine Seite.

«Hier», sagte Löwe, und sie legten sich Hörner an. «Aber die Antilopenweibchen, die weggeblieben sind, bekommen nichts.»

Elefant sah die Antilopen einherstolzieren und schob sich mit der ganzen Wucht seiner Masse an Löwe heran. «Ich will auch Hörner», sagte er und packt sich mit dem Maul ein hübsches weißes Paar.

«Du Gierschlund!», knurrte Löwe. «Weil du so gierig warst, werden dir die Hörner im Maul stecken bleiben, und du wirst sie nicht oben auf dem Kopf tragen können wie die Antilopen.

«Ach, du meine Güte!», keuchte Elefant. «Jetzt ist meine Nase viel zu kurz. Ich kriege … ich kriege … ich kriege … keine Luft!»

«Komm!», sagte Löwe und zog Elefant an der Nase, bis sie fast am Boden schleifte. «Ist das besser?»

«Danke», brummelte Elefant und schlurfte mit seinen Hornzähnen und seiner Baumelnase davon.

Aber schon gab es einen anderen Wirbel bei der Hörnergruppe. Diesmal war es Rhinozeros, der herumschnüffelte.

«Also gut», sagte Löwe, «da du überall deine Nase reinstecken willst, sollen dir die Hörner auf der Nase kleben.»

«Oh, nein – nicht mit mir!», sagte Rhinozeros und ging sofort auf seinen König los und versuchte ihn auf seine Nasenhörner zu nehmen. Aber Löwe versetzte ihm einen solchen Schlag, dass die Spitze eines seiner Hörner abbrach und ihm die Augen fast zuschwollen. So kommt es, dass Rhinozeros bis heute so schlecht sieht und ein ungleiches Paar Hörner hat.

Löwe ging zur nächsten Gruppe. «Hier gibt's schöne Ohren!», sagte er.

Tiere sind aber genau wie Kinder: Sie haben keine Ohren für das, was man ihnen sagt, und wollen auch keine. Aber Löwe hielt schon zwei lange Ohrenpaare in den Tatzen, die wollte er nicht einfach wieder weglegen, denn schließlich war er der König. «Oh, nehmt die hier!», sagte er und legte sie den ersten beiden Tieren an, die ihm in die Quere kamen. Das waren Esel und Kaninchen. Denen blieb gar nichts anderes übrig, als sich zu bedanken.

«Und jetzt die, die schöne Kleider haben wollen!», rief Löwe.

Da war die Aufregung groß. Löwe musste einen klaren Kopf behalten, denn die Tiere waren ganz versessen darauf, ein wenig anzugeben. Jedes wollte besser aussehen als sein Nachbar. Leopard bekam einen getüpfelten Anzug, Zebra eine gestreifte Jacke. Aber bei Pferd und Kuh war die Sache gar nicht so einfach.

«Wir arbeiten auf dem Hof», sagte Pferd.

«Und wir müssen uns jeden Tag adrett anziehen», sagte Kuh.

«Ein Kostüm allein reicht nicht aus», sagte Pferd.

«Wir wollen doch nicht, dass der Bauer uns Tiere auslacht», sagte Kuh.

«Schon gut, schon gut», sagte Löwe, denn er mochte Pferds stolzen Gang, und Kuh hatte eine Stimme, die war so sanft, dass sie sogar das Herz eines Königs erweichte. «Kommt her!»

Pferd war zuerst dran. Oh, hübsch ist gar kein Ausdruck! Pferd bekam Anzüge, die waren grau getüpfelt und kastanienbraun, dunkelbraun und schneeweiß und schwarz wie die finsterste Nacht. «Vielen Dank», sagte Pferd und trabte davon. Aber nach einer Weile hatte er das ständige An- und Auskleiden satt und teilte die Garderobe unter seinen Kindern auf. Und so kommt es, dass bis heute jedes Pferd nur einen Anzug hat, aber jedes Pferd anders aussieht.

Kuh bekam ein buntes Kleid, eine rote Jacke und einen schwarzen Sonntagsstaat. Aber später machte sie es wie Pferd und schenkte die Sachen ihren Kindern.

Während Löwe noch mit Kuh beschäftigt war, kreischte eine Stimme aus der Menge: «He, und ich? Verschenk' nicht die schönsten Sachen alle an Pferd und Kuh!» Das war Giraffe.

«Wie unverschämt!», rief Löwe aus. «Wie kannst du es wagen, deinen König anzuschreien? Zur Strafe wirst du nie wieder sprechen!» Und so kam es, dass Giraffe ihre Stimme verlor.

Um den Tieren zu zeigen, dass er sich nicht drängen ließ, schlenderte Löwe noch einmal zu dem Haufen mit Hörnern und suchte ein Paar für Kuh aus, das zu jedem ihrer Kostüme passte.

«Vielen Dank», sagte Kuh und trottete mit ihren Geschenken von dannen.

Aber Giraffe schaute so unglücklich drein, dass Löwe Mitleid mit ihr bekam, obwohl sie kein einziges Wort sagen konnte. «Hier habe ich ein ganz besonderes Kostüm für dich», sagte der König, «und dazu ein passendes Paar Hörner.»

Giraffe zog ihr Kleid an und setzte ihre Hörner auf, und war gleich hübscher anzusehen. Löwe musterte sie von oben bis unten. «Und außerdem schenk' ich dir einen langen Hals, damit du deine Feinde schon von weitem sehen kannst», sagte er. «Und dazu lange Beine, so dass du schnell weglaufen kannst.» Da war Giraffe hocherfreut und trabte zufrieden davon.

Gerade als Löwe sich wieder umdrehen wollte, bewegte sich etwas zwischen seinen Tatzen. «He!», brüllte er und sprang in die Luft, und ehe der Missetäter sich aus dem Staub machen konnte, hatte Löwe ihn unter seinen Pranken zerquetscht. Es war Spitzkopfeidechse, die mit schwarz und blau geschlagenem Kopf zwischen Löwes Tatzen hervorkroch. «Da bist du selber schuld», sagte der König. «Jetzt wirst du immer einen blauen Kopf haben.»

Allmählich wurde Löwe ungeduldig, denn die Sonne stand schon tief und der Magen fing ihm an zu knurren. Milch und Honig sind wirklich nicht das Fressen, das dem König der Tiere zusteht.

Jetzt mussten also die Tiere nehmen, was sie kriegen konnten. Pavian bekam einen Schwanz, der wie eine Sichel aussah. Pfeifhase und Maulwurf erhielten einen langen dünnen, den sie aber nicht wollten, weshalb sie ihn insgeheim vergruben. Da hatten sie nun gar nichts.

Ziegenbock bekam einen Bart, und ehe Ziege sich's versah, hatte sie auch einen. Die Tiere glucksten untereinander, aber König Löwe drängte zur Eile. «Der Nächste! Der Nächste!», rief er. Hippopotamus bekam vier riesige Zähne verpasst, und Schlange erhielt aus Versehen Löwes Kalebasse mit Kräutermedizin, die er einem Jäger gestohlen hatte. Schlange würgte das Gebräu auf einen Zug hinunter. Es begann zu gären, und Schlange wollte es wieder ausspeien; es verwandelte sich in Gift, und sie wollte einfach nur zubeißen.

«Hackt ihr die Beine ab!», schrie König Löwe. Aber das nutzte nichts. Schlange war bereits so wahnsinnig, dass sie einfach auf dem Bauch davonglitt, und noch heute beißt sie alles, was sie sieht, und ihr Gift ist gefährlicher denn je.

Iltis wiederum bekam Frau Löwes kleinen Dufttopf in die Pfoten und kippte den ganzen Inhalt über sich aus. Ach, war das ein Gestank! Die Tiere hielten sich die Nase zu und packten, was immer sie konnten: Hörner, Hufe und Wedelschwänze. Und dann rannten sie Hals über Kopf davon.

«Und was ist mit uns?», winselten Hyäne und Schakal, die noch immer nichts hatten, weil sie zu wählerisch waren.

Löwe, den das alles sehr angestrengt hatte, schaute in die Runde, aber es war nur noch ein Wimmern und ein Lachen übrig. «Nehmt, was ihr wollt», sagte er, «und seht zu, dass ihr weiterkommt!»

Die beiden mussten sich nehmen, was noch da war. Und so kommt es, dass Hyäne noch heute das lauteste Lachen unter allen Tieren hat und es kein Tier gibt, das Schakal im Wimmern übertreffen würde.

Als Alte Schildkröte schließlich zu der Stelle kam, wo Löwe die Geschenke überreicht hatte, war von Tieren und Geschenken weit und breit nichts mehr zu sehen. So kommt es, dass sie noch heute in dem Hornpanzer herumtrudelt, den Krokodil für sie gemacht hat. Und Frosch lebt ganz nackt im Wasser. Beim langen Warten war ihm so heiß geworden, dass er ein schnelles Bad genommen hatte, aber irgendjemand hatte ihm seine Kleider gestohlen. Jetzt ist er zu schüchtern, um sich vor den anderen Tieren zu zeigen. Wenn er sich ein wenig sonnt und hört, wie sich etwas bewegt, hüpft er sofort ins Wasser. Aber nachts, wenn es dunkel ist, kommen er und seine Brüder heraus, und dann hört man sie klagen.

«Wo? Wo? Wo?», jammert einer. «Kleider! Kleider! Kleider!», jammern die anderen.

Die Botschaft

Eine Erklärung der Nama, wie der Tod in die Welt kam, hier nacherzählt von dem Dichter, Romancier und Short-Story-Autor George Weideman, der sie von Grandma Rachel Eises hörte. In den zahllosen Versionen dieses alten Märchens wird die Botschaft mal vom Chamäleon und der Eidechse übermittelt, mal bringt sie der Hase ganz allein durcheinander. In dieser Fassung sind Zecke und Hase die Boten. Illustration: Robert Hichens.

Dies ist die Geschichte von Vollmond, Zecke und Hase und der Botschaft, die Mond den Menschen vor langer, langer Zeit schickte.

Das war keine gewöhnliche Botschaft! Es war sogar die allerwichtigste. Es ist nämlich so, dass Mond nicht wirklich stirbt. Er kommt immer wieder, wie wir bei jedem Vollmond sehen können. Und Mond wollte, dass die Menschen folgende Wahrheit wissen: «So wie ich sterbe und wieder lebendig werde, so sollt auch ihr sterben und wieder leben.»

Mond bestimmte Zecke zu derjenigen, die den Menschen diese gewichtige Botschaft bringen sollte. Er wusste, dass Zecke einfach nur faul im Schatten eines Busches saß und darauf wartete, dass eine Ziege vorbeikam oder eine ganze Ziegenherde. Sie würde auf eine von ihnen springen und sich zum Kral* mitnehmen lassen, wo die Feuerstellen waren, und so würde die Botschaft die Menschen im Handumdrehen erreichen. Also bekam Zecke die Botschaft mit dem Auftrag, sie weiterzuleiten.

Aber leider war Zecke nicht nur faul – sie hatte auch sehr schlechte Augen. Als sie mit der Botschaft von Mond fortging, war es noch Nacht. Zecke kroch unter das nächste Grasbüschel und schlief, bis die Ziegen zu grasen anfingen. Dort wartete sie auf die nächste sich bietende Gelegenheit.

* Rundsiedlung aus Hütten, die von einer Familie oder einem Clan bewohnt werden; auch Bezeichnung für das Viehgehege

27

Als der erste Schatten auf das Grasbüschel fiel, kroch Zecke hervor, krabbelte an dem Schienbein vor ihr hoch und krallte sich fest. Aber, ohhh… Zecke hatte einen schrecklichen Fehler gemacht. Während sie sich die Botschaft immer wieder vorsagte, um sie nicht zu vergessen, entschwand die Erde unter ihr, und die Tkau-Bäume und die Wolfsmilchsträucher wurden kleiner und kleiner.

Da erst stellte sie fest, dass diese Ziege kein Fell hatte, sondern Federn! Das Flughuhn kreischte, als es zur Landung auf einem weit entfernten Busch ansetzte. Es schüttelte kräftig das Gefieder, Zecke flog durch die Luft und landete auf einem Schilfrohrhalm.

An dem Abend lugte Mond durch die Wolfsmilchsträucher und hoffte, die Menschen vor Freude über die gute Nachricht tanzen zu sehen. Aber es war sehr still, und die Feuer im Kral brannten nicht sehr hoch. Das Weinen der Kinder verriet ihm, dass irgendjemand sehr krank sein musste. Da erkannte Mond, dass Zecke den Menschen die gute Nachricht noch nicht gebracht hatte.

In dieser Nacht fielen ein paar Tropfen Regen, so dass sich am zweiten Tag viele Springböcke und Spießböcke auf dem Sand um Zecke tummelten und lauter Freudensprünge machten. Da verdunkelte ein Schatten das Schilfrohr, auf dem Zecke saß und wartete, und sie dachte, «Das ist es», und kletterte hoch.

Aber o weh, es war keine Ziege, an deren Schienbein sich Zecke klammerte! Ehe Zecke das richtig mitbekam, galoppierte der Spießbock bereits am Kral vorbei und auf dem Regentropfenpfad in Richtung Sonnenuntergang.

Als der Spießbock am späten Nachmittag innehielt, um zu grasen, wurde Zecke klar, dass ein weiterer Tag vergangen war, ohne dass die Botschaft die Menschen erreicht hatte. Und jetzt lag der Kral jenseits der weitesten Bergkette am Horizont.

Nach einer Weile, als Mond wieder durch die Wolfsmilchsträucher spähte, sah er, dass die Feuer noch kleiner waren als am Abend zuvor, und er hörte die Menschen klagen. Irgendjemand war wirklich sehr, sehr krank, und Mond erkannte, dass Zecke die Freudenbotschaft den Menschen noch immer nicht gebracht hatte.

Am dritten Tag, als Zecke gerade auf einer Ampferstaude saß, kam Hase vorbei, um an den saftigen Blättern zu knabbern. Und Zecke erzählte ihm von ihrer Not. Hase war schrecklich neugierig und wollte sofort wissen, was die Botschaft denn besage, und Zecke rasselte sie herunter: «So wie ich, Mond, sterbe und wieder lebendig werde, so sollt auch ihr sterben und wieder leben.»

«Das ist eine wichtige Botschaft», dachte Hase bei sich. «Wenn *ich* sie den Menschen überbringe, werde ich mich bei Mond bestimmt beliebt machen.» Und flugs bot er Zecke an, sie zum Kral zu bringen.

Kaum hatten sie die nächsten Wolfsmilchsträucher erreicht, da schüttelte Hase sein Kaross, seine Pelzdecke, kräftig durch – und Zecke flog in hohem Bogen durch die Luft. Kurz rief Hase noch: «Aus dem Weg!» Und schon flitzte er wie der Sturmwind zum Kral, um den Menschen die Botschaft zu bringen.

Während Zecke auf die eine Art kurzsichtig war, war Hase es auf die andere. Er dachte nur daran, wie viel Ruhm und Reichtum es ihm einbringen würde, wenn er die gewichtige Botschaft überbrächte. Anders als Zecke sagte er sie sich nicht ständig vor; er wetzte so rasend dahin, dass seine Löffel und sein flaumiger weißer Schwanz über den Steinen und den Grasbüscheln nur noch aufblitzten.

Doch als Hase atemlos im Kral ankam, konnte er sich nicht mehr ganz genau erinnern, wie die Botschaft lautete, die er von Zecke gehört hatte. Er sagte sie ein paar Mal vor sich her, aber je öfter er sie wiederholte, desto mehr gerieten ihm die Worte durcheinander und desto verwirrter wurde er.

Staubig und bleich brach er auf dem Boden zusammen und überbrachte den Menschen folgende Botschaft: «So wie ich sterbe und tot bleibe, so sollt ihr sterben und zugrunde gehen.» Alle Bewohner des Krals begannen zu klagen und bestreuten sich mit Sand und Asche, und genau in diesem Augenblick tat der sehr, sehr, sehr kranke Mann seinen letzten Atemzug.

Als Mond in dieser Nacht durch die Wolfsmilchsträucher spähte, sah er nicht eine einzige glühende Kohle. Der Kral war verlassen. Alle Bewohner waren fortgegangen. Kein einziges Zeichen von Leben.

Als er näher hinschaute, konnte er Zecke nirgends entdecken, aber Hase saß noch immer an der Feuerstelle und wiederholte wie benommen die verpfuschte Botschaft. Wütend griff Mond nach einem abgebrannten Holzscheit und schlug Hase damit quer übers Gesicht. Hase erschrak so sehr, dass er sein Kaross in die Asche der Feuerstelle fallen ließ. Dann riss er es wieder an sich und schlug Mond damit ins Gesicht.

Seitdem hat Hase eine Hasenscharte, und auf dem Gesicht von Mond ist noch immer der fahle Aschenstaub zu sehen.

Der Schlangenhäuptling

Die Volkskundlerin Diana Pitcher, die in Zululand aufwuchs, hörte diese Geschichte von ihrem Kindermädchen Miriam Majola, einer wunderbaren Märchenerzählerin. Später stellte sie fest, dass das Motiv eines jungen Mädchens, das durch seine Standhaftigkeit einen Fluch bannt, an der Westküste Afrikas häufig auftaucht. Ein ebenso verbreitetes Motiv in afrikanischen Erzählungen ist die Schlange als mystische Figur. In dieser Nacherzählung ist die Geschichte in Zululand angesiedelt. Illustration: Baba Afrika.

Nandy war sehr arm. Ihr Mann war tot, und sie hatte keine Söhne zum Hüten des Viehs und nur eine Tochter, die ihr bei der Feldarbeit helfen konnte.

Im Sommer, wenn die Umdoni-Bäume üppig zartgelbe Blüten trugen, grub sie mit ihrer Tochter nach Amadumbe*, die sie zu ihrem Maisbrei aßen. Doch im Herbst, wenn die Blüten abgestorben waren, sammelte sie die purpurroten, süßen Umdoni-Beeren und gab sie ihren Nachbarn im Tausch gegen Streifen getrockneten Ziegenfleischs oder Kalebassen mit dicker, cremiger Sauermilch.

Eines Tages, es war sehr heiß, ging Nandi wie gewöhnlich zum Fluss hinunter, um die purpurroten Beeren zu pflücken, doch sie konnte nichts finden. Nicht eine einzige Beere war zu sehen – nicht eine.

Da hörte sie ein lautes Zischeln, ein lautes, schreckliches Zischeln. Als sie aufsah, erblickte sie eine riesige grün-graue Schlange, die sich rund um den dunkelroten Stamm des Baumes gewickelt hatte und ihren Kopf zwischen den Ästen wiegte. Und sie fraß sämtliche Beeren auf.

«Du stiehlst meine Beeren», rief Nandi. «Oh, Schlange, du stiehlst mir meine ganzen Beeren. Was soll ich jetzt gegen Fleisch eintauschen, wenn du mir alle Früchte nimmst?»

* *Arum esculentum, eine Süßkartoffelart*

Schlange zischelte wieder und ließ sich langsam den Stamm hinuntergleiten. Nandi hatte Angst, aber wenn sie davonliefe, wäre es mit den Beeren ganz vorbei.

«Was gibst du mir im Tausch für die Undomi-Beeren?», zischelte Schlange. «Wenn ich dir den Korb fülle, gibst du mir dann deine Tochter?»

«Ja», rief Nandi. «Noch heute Abend gebe ich dir meine Tochter. Lass mich nur meinen Korb mit den purpurroten Früchten füllen.»

Doch als der Korb gefüllt war und Nandi sich auf den Heimweg machte, begann sie zu zittern ob des Versprechens, das sie abgegeben hatte. Wie konnte sie ihre Tochter nur einer so hässlichen Kreatur ausliefern? Sie musste dafür sorgen, dass Schlange nicht herausfand, wo sie lebte. Sie durfte nicht geradewegs nach Hause gehen, für den Fall, dass Schlange sie beobachtete.

Nandi überquerte den Fluss an einer seichten Stelle und schlug den Weg in den Busch am anderen Ufer ein, wobei sie lautlos zwischen den Dornenbäumen hindurchschlüpfte. Sie wusste nicht, dass ein langer Dorn ihren Lederrock aufgekratzt hatte und dass ein winziges Stück Leder an einem Baum hängen geblieben war.

Vorsichtig und leise ging sie durch das Schilf, wachsam nach Krokodil Ausschau haltend, und watete durch den tiefen Teich. Sie wusste nicht, dass eine dicke purpurrote Beere aus ihrem Korb gefallen war und hinter ihr im Wasser hertrieb.

Sie kroch zu einem riesigen Ameisenhaufen. Als sie an diesem vorbei war, musste sie außer Sichtweite der Umdoni-Bäume sein. Aber sie blieb mit dem Fuß am Eingang des geheimen Tunnels von Wasserratte hängen. Sie wusste nicht, dass sie in der weichen, braunen Erde drei Perlen von ihrer Fußkette verloren hatte.

Schließlich erreichte sie ihre Hütte und rief ihrer Tochter zu: «Mein Kind, ich habe etwas Böses getan. Ich habe dich Schlange versprochen für diesen Korb mit purpurroten Früchten.» Und sie brach in Tränen aus.

Inzwischen war Schlange von dem Baum hinabgeglitten, um Nandi zu folgen. Hin und her wiegte sie ihren Kopf, bis sie ein kleines Stück Leder an dem Dorn sah; da wusste sie, welchen Weg sie zu nehmen hatte. Wieder wiegte sie ihren Kopf hin und her, bis sie eine reife, purpurrote Beere im tiefen Teich treiben sah; da wusste sie, welchen Weg sie zu nehmen hatte. Und noch einmal wiegte sie ihren Kopf hin und her, bis sie drei Perlen an der Mündung des Tunnels von Wasserratte liegen sah; da wusste sie, welchen Weg sie zu nehmen hatte. Gerade als Nandi in Tränen ausbrach, war ein lautes Zischeln am Eingang ihrer Hütte zu vernehmen; Schlange glitt hinein und rollte ihren langen, grün-grauen Körper auf.

«Nein! Nein!», schrie Nandi. «Mein Versprechen war nicht ernst gemeint. Ich kann dir meine Tochter nicht geben.»

Das junge Mädchen blickte auf. Ihre dunklen, braunen Augen waren sanft und ganz ohne Furcht.

«Versprochen ist versprochen, Mutter», sagte sie. «Schlange hat ein Anrecht auf mich.» Sie streckte die Hand aus und streichelte Schlange den grün-grauen Kopf. «Komm», sagte sie, «ich hole dir etwas zum Fressen.» Und sie brachte eine Kalebasse voll dicker, cremiger Sauermilch und gab sie ihr zum Trinken. Dann faltete sie ihre Decke zusammen und bereitete ihrem Herrn, der Schlange, ein Lager.

Mitten in der Nacht wachte Nandi auf. Was hatte sie geweckt? Hatte Leopard gehustet? Hatte Hyäne den Mond angesungen? Irgendetwas hatte sie aufgeschreckt. Sie lauschte wieder. Stimmen. Sie konnte Stimmen hören. Es war ihre Tochter, die da sprach. Aber wem gehörte die andere Stimme? Diese tiefe, kräftige Stimme?

Lautlos kroch sie unter ihren Felldecken hervor. Was sah sie da? Schlief sie noch und träumte? Neben ihrer Tochter saß ein hübscher junger Mann, groß gewachsen, braun und stark. Bestimmt der Sohn eines Häuptlings, vielleicht sogar ein Häuptling selbst. Ihre Tochter machte einen Halsschmuck, flocht die bunten Perlen zu einem Hochzeitsmuster. Und während sie arbeitete, sprach der junge Mann sanft und liebevoll zu ihr.

Nandi betrachtete die gefaltete Decke, auf die Schlange zur Ruhe gebettet worden war. Darauf lag eine lange, zusammengerollte grün-graue Haut. Sie hob sie auf und warf sie ins Feuer, das in der Mitte der Hütte noch immer vor sich hin glomm.

«Jetzt ist der Bann gebrochen», sprach der Schlangenhäuptling. «Denn ein tugendhaftes Mädchen hat sich meiner erbarmt, und eine einfältige alte Frau hat meine Haut verbrannt.» Doch trotz dieser schroffen Worte schenkte er Nandi ein warmes Lächeln.

Nandi hat inzwischen drei Enkelkinder – einen Jungen zum Hüten des Viehs im Veld* und zwei Mädchen, die ihr helfen, das Unkraut zwischen den Maispflanzen herauszuhacken und nach Amadumbe zu graben. Umdoni-Beeren aber braucht sie nicht mehr zu sammeln, denn alle haben genug zu essen.

---

* Subtropisches, sommerfeuchtes Grasland im innern Hochland Südafrikas

Wie Hlakanyana das Ungeheuer

überlistete

*Der Trickster Hlakanyana gehört zu den zentralen
mythischen Figuren der Zulu-Folklore. Ähnliche Gestalten wie Hlakanyana
finden sich allerdings auch in den Geschichten anderer einheimischer Sprachgruppen.
Bei dieser Nacherzählung stützte sich Jack Cope, der als Heranwachsender
die Geschichten an abendlichen Feuern in Zululand hörte, auf die ältesten aufgezeichneten
Berichte der Nguni-Folklore. Illustration: Neels Britz.*

Hlakanyana hatte seine Mutter verlassen und war von Zuhause fortgelaufen, weil die Krieger Jagd auf ihn machten. Bei seiner Wanderung über die Erde fehlte ihm etwas, um Musik zu machen, und er hatte auch nichts Schönes, über das er hätte singen können. Er war sehr müde und sehr hungrig.

Auf einem kleinen Hügel, von dem aus er weit in alle Richtungen blicken konnte, begegnete Hlakanyana einem Hasen, der seinen Bau im hohen Gras hatte.

Hase ist klug und ein schneller Läufer. Hlakanyana konnte sich nicht unbemerkt an ihn heranschleichen, geschweige denn, ihn fangen. So begrüßte er ihn und setzte sich auf einen Stein, um mit ihm zu reden.

«Wie kommt es, dass du so lange Ohren hast?», fragte er.

«Damit ich Dinge hören kann, noch ehe sie geschehen.»

«Kannst du eine Flöte spielen hören?»

Hase lauschte und sagte, dergleichen könne er nicht hören.

«Als ich vom Fluss her kam, sah ich die Büffel im Schatten schlafen. Jetzt kommen sie hier entlang. Wenn wir nicht wegrennen, werden sie uns zertrampeln. Ich höre sie schon kommen», sagte Hlakanyana.

Hase lauschte. «Ich kann sie nicht hören», sagte er.

«Aber sie kommen auf uns zu galoppiert! Putz dir die Ohren und hör noch mal genau hin.»

Hase putzte sich die Ohren mit einem Grashalm und lauschte wieder, aber die Büffel konnte er nicht hören.

«Wir haben keine Zeit zu verlieren!», sagte Hlakanyana. «Leg die Ohren auf den Boden, dann wirst du bestimmt das Donnern ihrer Hufe hören.»

Hase senkte den Kopf und legte die Löffel flach auf die Erde. Kaum hatte er dies getan, sprang Hlakanyana ihm auf die langen Ohren und drückte ihn fest auf den Boden.

Hase war gefangen. Er zappelte, aber er konnte nicht entkommen. Er war eine schmackhafte Beute, und Hlakanyana machte nicht viel Federlesens mit ihm: Er entfachte ein Feuer, um seine Mahlzeit zu rösten. Einen Knochen von Hases Hinterläufen behielt er zurück, um sich eine Flöte daraus zu schnitzen. Dann zog er weiter und spielte auf seiner Flöte dieses Lied:

Ich traf den netten Hasen,
Einen keckeren gibt es nicht.
Jetzt kann ich Flöte blasen,
Die steht mir zu Gesicht.

Hlakanyana kam zu einer Stelle am Fluss, wo ein tiefer Teich lag. Am Rand des Teichs war ein Baum, und in seinen Zweigen döste ein Waran.

«Woher kommst du?», fragte Waran.

Hlakanyana spielte auf seiner Flöte und sang dazu:

Des Kannibalens Mutter,
Die ging mir auf den Leim.
Wir spielten mit uns Futter:
Wer wird wie schmackhaft sein?
Mich kriegte sie nicht gar,
Doch ich fraß sie mit Haut und Haar.

Waran bat Hlakanyana um seine Flöte, aber der wollte sie ihm nicht geben.

«Dann komm ich runter und nehm sie dir weg», sagte Waran. So frech war er nur, weil der tiefe Teich genau unter ihm lag. Er brauchte nur hineinzuspringen, und niemand würde ihm folgen können.

«Komm runter und hol dir die Flöte, wenn du kannst», sagte Hlakanyana.

Also kletterte Waran vom Baum herab. Er hatte einen langen, schweren Schwanz mit einem dünnen Ende, das wie der Riemen einer Viehpeitsche aussah. Hlakanyana wusste nicht, was Waran damit alles anstellen konnte.

«Gib mir die Flöte, dann brauchen wir nicht darum zu kämpfen», sagte Waran.

«Glaubst du, du kannst mich mit Worten schlagen, weil du eine gespaltene Zunge hast?», fragte Hlakanyana.

Unversehens schlug Waran mit seinem langen Schwanz aus. Durch die Wucht wurde Hlakanyana umgerissen, er fiel zu Boden, und die Flöte rollte davon. Waran schnappte sie sich, sprang ins Wasser und verschwand in den Tiefen des Teichs.

So wurde Hlakanyana überrascht und verlor seine Flöte. Er lief weiter, aber das Herz war ihm schwer, weil er keine Musik mehr machen konnte. Die Flöte war unwiederbringlich fort. Als er stehen blieb, um zu lauschen, hörte er Waran irgendwo in der Nähe des tiefen Teichs auf ihr spielen. Er spielte ein Lied, mit dem er die Kühe näher an den Fluss lockte, um ihnen dann die Hinterbeine mit dem Schwanz zu fesseln und sie zu melken.

Hlakanyana lief lange Zeit weiter, ohne innezuhalten. Die Sonne ging bereits unter, und noch immer war er auf seinem Weg niemandem begegnet, der ihn hätte leiten können. Schließlich sah er eine sehr merkwürdige Gestalt unter einem Baum sitzen. Es war ein Ungeheuer, denn es hatte nur ein Bein und nur einen Arm. Sein Körper hatte nur eine Hälfte, es hatte ein halbes Gesicht, ein einziges Auge und lange Zähne auf dieser einen Seite. Aus der anderen Körperhälfte wuchs Gras.

Hlakanyana bekam es mit der Angst zu tun. Er wollte weglaufen. Doch er sah, dass das Ungeheuer einen großen Laib gedämpftes Brot aß, den es in der einen Hand hielt. Der verlockende Duft des Brotes ließ Hlakanyana das Wasser im Munde zusammenlaufen. Das Ungeheuer riss mit seinen Zähnen Brocken aus dem Brotlaib.

«Was willst du? Verschwinde, oder ich reiß dich auseinander und fress dich auch», zischelte das Ungeheuer. Beim Sprechen hörte sich die Luft seines Atems an wie Pfeifen im Gras.

«Ich geh ja schon. Warum solltest du mich fressen? Ich hab dir doch nichts getan», antwortete Hlakanyana und setzte seinen Weg fort. Er kam zu einigen Büschen und versteckte sich hinter ihnen, um das Ungeheuer zu beobachten. Das

Ungeheuer beendete seine Mahlzeit und legte sich bald darauf auf die Seite wie jemand, der schlafen möchte.

Hlakanyana wartete ein Weilchen. Dann schlich er sich zurück, *shi-shi-shi*. Das Ungeheuer schlief tief und fest; bei jedem Schnarcher wiegten sich die Grashalme auf der anderen Kopfhälfte hin und her.

Hlakanyana sah die bauchige Tasche neben dem Ungeheuer liegen. «In der Tasche muss noch ein weiterer Laib gedämpftes Brot sein», dachte er. Mit schlotternden Knien kroch er näher.

Lautlos öffnete Hlakanyana die Tasche, steckte die Hand hinein und holte einen Brotlaib heraus, der noch größer war als der, den das Ungeheuer aufgefressen hatte.

Genau in diesem Augenblick begann der Würgevogel im Baum zu schreien: «Wen töte ich? Wen töte ich? Wen töte ich? Die Diebe stehlen dir deinen roten Ochsen!»

Das Ungeheuer wachte auf und sah Hlakanyana mit dem Laib Brot davonlaufen. Im Nu sprang es hoch und nahm die Verfolgung auf.

«Halt! Ich verseng dir das Haar! Ich röste dich am Spieß!», brüllte es.

Auf einem langen Bein hüpfend, rannte es Hlakanyana hinterher. Selbst einbeinig kam es flink voran! Beim Rennen pfiff ihm der Wind durchs Gras, das ihm auf der anderen Körperhälfte wuchs.

Hlakanyana rannte so schnell, dass er fast über die eigenen Füße stolperte. Mit den Fersen trat er sich selbst gegen das Hinterteil.

Das Ungeheuer hatte Hlakanyana fast eingeholt. Schon streckte es die Hand aus, um ihn zu packen. *Ndi-ndi-ndi* stampfte sein Fuß beim Hüpfen.

Da sah Hlakanyana unter Bäumen versteckt die Öffnung einer Schlangenhöhle. Mit seinem Brotlaib sprang er in das Loch hinein und krabbelte so weit, bis er nicht mehr weiterkam. Nun saß er fest.

Das Ungeheuer hatte ein langes Bein und einen nicht minder langen Arm. Es schob seine Hand immer tiefer in das Loch hinein, tastete umher, und schließlich bekam es Hlakanyana am Knöchel zu packen.

«Ha, ha, ha! Zieh nur, du hässlicher Kerl; du hast eine Baumwurzel erwischt!», rief Hlakanyana.

Das Ungeheuer hörte ihn. Auf eine Baumwurzel wollte es seine Kraft nicht verschwenden. Deshalb ließ es Hlakanyanas Bein los und tastete mit der Hand weiter in der Schlangenhöhle umher. Da bekam es eine starke Baumwurzel zu fassen.

«Wa! Wa! Maye!», brüllte Hlakanyana. «Lass mich los! Du bringst mich um, du Kannibale!»

Das Ungeheuer ließ nicht locker. Es zog und zog und zerrte mit aller Kraft an der Baumwurzel. Der Schweiß troff ihm von der Spitze seines halben Kinns.

«Ach, Vater! Ich werde entzwei gerissen!», schrie Hlakanyana. «Hab Erbarmen mit mir – ich gebe dir auch dein Brot zurück!»

Das Ungeheuer zog noch lange an der Wurzel weiter, dann wurde es müde, und seine Finger konnten die Wurzel nicht mehr halten. Es gab den Kampf auf und machte sich davon.

Da kam Hlakanyana aus der Schlangenhöhle gekrochen. Er setzte sich auf einen Stein und aß, bis er satt war. Als er sein Mahl beendet hatte, griff er nach seinem Stock und zog weiter.

Worte so süß wie Honig
von Sankhambi

*In zahlreichen Erzählungen der Venda
spielt Sankhambi eine markante Rolle – er ist die Entsprechung
des Tricksters Hlakanyana in der vorangegangenen Geschichte. Manchmal
ist er so klein wie eine Schildkröte, manchmal groß und stark.
Alle sind vor ihm jedoch auf der Hut, denn wo immer Sankhambi auftaucht,
gibt es Ärger. Diese Nacherzählung aus der Feder der Kinderbuchautorin
Linda Rode ist von Véronique Tadjo illustriert.*

In früheren Zeiten waren die Affen nicht so schlank und flink, wie sie es heute sind. Es waren kleine zottige, dickbäuchige Tiere, die sich nur langsam bewegten. Dem Spitzbuben Sankhambi bereitete es diebische Freude, ihnen hinterherzuschleichen und sie an ihren langen Schwänzen zu ziehen. Das machte die Affen wütend, und deshalb bombardierten sie ihn hoch oben aus ihren Bäumen mit Kernen und abgerissenen Zweigen, wenn er sich wohlig in der Sonne räkelte.

Sankhambi gefiel dieser Affenblödsinn überhaupt nicht, und eines Tages beschloss er, etwas dagegen zu unternehmen.

«Liebe Freunde», sagte er mit süßer Stimme und einem Glitzern in den Augen, «ich will euch ein großes Geheimnis verraten.»

«Glaubt ihm nicht, das ist nur wieder ein fauler Trick», warnte der älteste Affe, doch Sankhambi flehte die Affen inständig an, ihn doch ausreden und von seinem besonderen Geheimnis erzählen zu lassen. Und da Affen von Natur aus neugierige Tiere sind, kletterten sie langsam von den Baumstämmen hinunter und kamen ganz langsam und ganz vorsichtig näher.

«Ich würde euch nur allzu gerne einen Gefallen tun», sagte Sankhambi mit honigsüßer Stimme. «Dort oben auf dem Berg beim großen See ist eine Höhle. Und tief innen in der Höhle befindet sich ein riesiger Bienenstock voll goldener Honigwaben – und ich bin der einzige, der davon weiß. Kommt mit mir mit – ich zeige euch den Weg dorthin.»

41

Eilfertig schlossen sich die Affen ihm an, denn sie dachten nur an die goldene Köstlichkeit, die ihrer harrte.

Nach einer Weile führte Sankhambi sie über einen Felsgrat zum Eingang einer Höhle mit vorspringendem Dach. «Geht nur hinein, meine Freunde», forderte er sie großzügig auf.

Doch sobald die Affen drinnen waren, begann Sankhambi heftig mit den Füßen zu stampfen, so dass in der ganzen Höhle dumpfes Dröhnen widerhallte.

«Oh, Marulakerne und Bierkalebassen!», schrie er in gespieltem Entsetzen. «Freunde, das Dach stürzt gleich ein. Arme hoch! Stützt das Dach ab! Ich hole schnell ein paar Pfosten, um es zu sichern. Bleibt stehen und rührt euch nicht vom Fleck!»

Die Affen gehorchten ihm aufs Wort: Sie blieben reglos stehen und streckten die Arme über die Köpfe, um das Dach vorm Einstürzen zu bewahren. Sie standen. Und standen. Denn sie wagten sich nicht zu bewegen, weil sonst das Dach über ihren Köpfen einbrechen würde.

Ach, wenn Sankhambi doch nur schnell mit den Stützen wiederkäme!

Aber natürlich trottete Sankhambi da schon am Ufer des Sees entlang. «Was für eine Affenbande!», johlte er und stieg hinauf, um es sich an einem sonnigen Fleckchen für eine ungestörte Siesta gemütlich zu machen.

Während der ganzen Mittagshitze und bis hinein in die Kühle der Nacht, als die Sterne sich hell im Wasser des großen Sees spiegelten, standen die Affen wie Steinsäulen da und stemmten sich mit aller Kraft gegen das Dach.

Erst als das Morgenlicht im Osten schon zu schimmern begann, kam der älteste Affe plötzlich auf eine Idee. Ganz behutsam nahm er einen Finger weg, dann noch einen, dann die ganze Hand, schließlich auch noch die andere… Er betrachtete die schwitzenden Gesichter seiner Familie, und mit einem Mal wurde ihm klar: Sankhambi hatte sie alle zum Narren gehalten!

Einer nach dem anderen ließen die Affen ihre steifen, schmerzenden Arme sinken. Und als sie an ihren Körpern hinabschauten, sahen sie, dass ihre dicken Bäuche völlig verschwunden waren. Nach all der Mühe und dem Schweiß und dem Recken, um das Dach der Höhle zu stützen, waren ihre Körper rank und schlank geworden. Und deshalb können die Affen auch heute noch so geschickt durch die Bäume turnen.

Mmutla und Phiri

Diese Geschichte von Hase und Hyäne aus Botswana hörte die Volkskundlerin Phyllis Savory von Ellen Molokela. Die Illustration stammt von Jonathan Comerford.

In jener Zeit, als die Tiere noch miteinander sprachen, gab es unter den Bewohnern des großen Trockenlandes der Kalahari zwei Medizinmänner, Phiri, die Hyäne, und Mmutla, den Hasen.

Nach außen hin pflegten sie freundschaftliche Beziehungen, doch wenn es um die Heilkunst ging, wurden sie zu erbitterten Rivalen. Oft führten sie lange, hitzige Debatten, bei denen jeder sich redlich bemühte, dem anderen zu beweisen, dass er ihm an Geschick und Wissen überlegen sei.

«Ich als die Ältere besitze natürlich mehr Hirn», bellte die Hyäne bei einer dieser Diskussionen.

«Das stimmt nicht», widersprach Hase. «Was zählt, sind Geschick und Ausdauer. Wer von uns beiden macht denn die Medizin, die am längsten gegen die Hitze des Feuers schützt?»

«So eine dumme Frage», entgegnete die Hyäne. «Bitten mich nicht alle Tiere der Wüste um mein besonderes Heilmittel gegen Feuer, das gefürchtetste aller Elemente bei der Trockenheit des Wintergrases?»

«Also gut, stellen wir unsere Fähigkeiten doch auf die Probe», sagte der Hase listig. «Lass uns ein Loch graben, und darin scharrt jeder von uns eine Höhle, in der er sich verkriechen kann. Dann machen wir auf dem Boden der Grube ein Feuer, und jeder von uns muss nacheinander eine Nacht in diesem seinem Schlupfwinkel verbringen. Da probieren wir dann unsere Feuermedizin aus. Derjenige, der die ganze Nacht dort unten unbeschadet übersteht, der hat doch wohl die bessere Medizin.»

«Das ist eine großartige Idee», stimmte die Hyäne zu.

Sie machten sich also an die Arbeit und hoben ein tiefes Loch aus. Dann grub sich jeder auf die ihm eigene Art einen Schlupfwinkel, der ihm erlauben würde, die Hitze der Flammen zu überstehen.

Die Hyäne grub, wie sie es ihr Leben lang gemacht hatte, eine flache Höhle, während der Hase nach Hasenart ein Labyrinth mit vielen Tunneln anlegte.

Als sie mit ihrer Arbeit zufrieden waren, trug jeder von ihnen einen mächtigen Holzstoß zusammen, den er auf dem Grund des Lochs zum Entfachen des Feuers aufschichtete.

Dann sagte der Hase: «Du, Phiri, bist ja nach eigener Aussage die Ältere von uns beiden. Deshalb sollte ich, als der weniger wichtige, zuerst hinuntersteigen.»

Sie kletterten in die Grube hinab, und der Hase hockte sich vor den Eingang seines Tunnels, während die Hyäne, nachdem sie das Feuer entzündet hatte, auf den Rand des Lochs zurücksprang, um zu sehen, was passieren würde.

Sobald Mmutla in Rauch eingehüllt war, verschwand er durch die enge Tunnelöffnung in den Tiefen seines Baus, wo die Hitze und die Rauchschwaden ihm nichts anhaben konnten.

Nach kurzer Zeit flitzte er zur Tunnelöffnung und schrie in gespielter Panik: «Phiri, ich brenne!», und zog sich rasch wieder zurück.

«Dann stell dich auf den Kopf», antwortete die Hyäne.

«Phiri, ich brenne immer noch!», schrie der Hase, nachdem er wieder zur Tunnelöffnung gewetzt war.

«Dann setz dich eben hin», riet ihm die Hyäne.

«Phiri, ich brenne immer noch!», kreischte der Hase in gespielter Todesangst.

«Dann steh auf», schlug die Hyäne vor.

«Phiri, Stehen ist schlimmer als Sitzen – ich brenne immer noch!», jammerte Mmutla, während er sich in Wirklichkeit die Pfote vor den Mund hielt, um vor Lachen nicht laut herauszuplatzen.

«Dann leg dich auf die Seite», beschied ihn die Hyäne.

Es folgte eine lange, lange Stille. Als das Feuer erloschen war, schaute die Hyäne in die Grube hinab – vom Hasen keine Spur. Die Hyäne kicherte vor sich hin. Bestimmt war Mmutla in den Flammen umgekommen. So ging Phiri bester Dinge nach Hause – jetzt hatte sie keinen Rivalen mehr.

Als die Hyäne am nächsten Morgen zur Grube zurückkehrte, um die Aschen-

reste wegzuräumen, musste sie zu ihrer Überraschung feststellen, dass Mmutla breit grinsend am Eingang seines Tunnels hockte – offenbar hatte er das Feuer unbeschadet überstanden.

«Nun ja», schmunzelte der Hase, «zuerst bin ich hier unten ja ganz schön ins Schwitzen gekommen, aber meine Feuermedizin hat Wunder gewirkt. Und jetzt, Phiri, bist du an der Reihe.»

Daraufhin breiteten sie vor dem Bau der Hyäne Holz für ein neues großes Feuer aus. Nachdem der Holzstoß zur Zufriedenheit des Hasen aufgeschichtet war, begab sich die Hyäne in ihre flache Höhle, um *ihre* Feuermedizin zu erproben.

Sobald Phiri es sich in ihrem Unterschlupf bequem gemacht hatte, entzündete der Hase das Feuer. Dann kletterte er auf den Rand der Grube und wartete ab, was passieren würde.

Es dauerte gar nicht lange, da brüllte die Hyäne: «Mmutla, ich brenne!»

«Dann stell dich auf den Kopf», antwortete der Hase.

«Mmutla, ich brenne immer noch!», schrie die Hyäne gequält.

«Dann setz dich eben hin», riet ihr der Hase.

«Mmutla, ich brenne noch immer!», kreischte die Hyäne.

«Dann steh auf», kicherte der Hase.

«Mmutla, Stehen ist schlimmer als Sitzen!», jammerte die Hyäne.

«Dann mach's wie ich – leg dich auf die Seite!», entgegnete der Hase, und dann klatschte er vor Freude in die Pfoten, als er das Wimmern seiner Rivalin vernahm.

Es folgte ein gellender Schrei, dann herrschte Totenstille – und Mmutla kehrte, hocherfreut über den Erfolg seiner List, nach Hause zurück.

Als er am nächsten Morgen wiederkam, fand er den verkohlten Kadaver der Hyäne in der flachen Höhle, die Phiri für sich gegraben hatte.

Frohlockend schnitt er ihr ein Ohr ab und machte sich daraus eine Pfeife. Mit stolzgeschwellter Brust spielte er eine lustige Weise auf seinem neuen Instrument, und alle Tiere kamen, um seiner Musik zu lauschen.

Als er fand, dass ein angemessen großes Publikum beisammen war, stimmte er ein prahlerisches Lied an:

Ich, Mmutla, bin der größte Medizinmann auf Erden;
Phiri, meine Rivalin, war nur ein kleines Kind.
Hört die Musik, die ich durch das Loch ihres Ohrs mache!

Wie er so einherstolzierte und sich seiner Überlegenheit über die Hyäne brüstete, kam Tladi, der pechschwarze Blitzvogel, der wie die Sonne glänzte, aus den Wolken herabgeflogen.

«Deine Musik gefällt mir, Mmutla», sagte er. «Leih mir deine Pfeife, damit auch ich solch muntere Töne machen kann.»

«Was! Ich soll dir meine Pfeife leihen?», lachte der Hase. «Das könnte dir so passen! Du würdest damit doch nur wieder in die Wolken hinauffliegen, und wie sollte ich dir dahin folgen?»

Doch Tladi wiederholte seine Bitte hartnäckig und versprach dem Hasen hoch und heilig, er werde nicht von seiner Seite weichen, während er auf dem wunderbaren Instrument spiele.

«Na gut», willigte Mmutla nach reiflicher Überlegung widerwillig ein und reichte Tladi die Pfeife. Sofort aber brach der Blitzvogel sein Versprechen und schoss, während er eine Melodie trillerte, steil in den Himmel empor. Es war offensichtlich, dass er nicht die geringste Absicht hatte, die Pfeife ihrem rechtmäßigen Besitzer zurückzugeben.

Mmutla tobte vor Wut, vor allem, als er unter den vielen Zuschauern, die seinen Prahlereien gelauscht hatten, Gekichere vernahm. Eine Weile irrte er verzagt umher, weil er nicht wusste, wie er es anstellen sollte, seine Pfeife zurückzubekommen. Schließlich beschloss er, die Spinne Sekgogo um Rat zu fragen.

«Ich kann dich in einen Sack einweben», antwortete Sekgogo, nachdem der Hase ihr sein Bittgesuch vorgetragen hatte, «und dich hinauf zu Tladi ziehen.»

Unverzüglich begann sie einen starken, dünnen Faden um Mmutla zu weben, bis dieser ganz fest in einen seidenen Sack eingesponnen war. Dann ließ Sekgogo sich durch eine Brise in den Himmel hinaufwehen, wobei sie im Höhersteigen ihren Faden immer weiter spann. Ganz oben auf einer Wolke angekommen, ließ sie sich nieder und zog Mmutla zu sich hinauf.

Als Tladi aus seiner himmlischen Sphäre hinunterblickte, sah er Mmutla zu sich hinauffliegen, und er staunte nicht schlecht, als er feststellen musste, wie der Hase auf die Wolke trat und sich neben der Spinne niederließ.

«Was?!», rief er fassungslos aus. «Kann Mmutla jetzt genauso gut fliegen wie ich? Da muss ich ihm seine Pfeife zurückgeben, denn er ist einfach zu schlau für mich.» Gesagt, getan. Die Spinne aber ließ den Hasen hinab - tiefer und tiefer und tiefer –, bis er wieder Boden unter den Pfoten hatte.

Zum Glück für den Hasen war der Seidenfaden für die Blicke der unten Stehenden ebenso unsichtbar wie für Tladi; deshalb glaubten auch die Tiere, Mmutla sei geflogen, und sie staunten über seine Zauberkraft.

«Wie ihr gesehen habt, meine Freunde», sagte Mmutla mit einer Verneigung vor der Menge, die gerade noch über ihn gelacht hatte, «ist mir selbst Tladi, der Zaubervogel des Blitzes, nicht gewachsen. Ganz offensichtlich gibt es niemanden, der es an Geschicklichkeit mit mir aufnehmen könnte!»

Mmutla war Sekgogo für ihre Hilfe unendlich dankbar, und damit begann eine Freundschaft zwischen Hase und Spinne, die bis heute währt.

Löwe, Hase und Hyäne In dieser Geschichte
aus Kenia, die Phyllis Savory von Gwido Mariko erzählt bekam, versuchen
Hase und Hyäne wieder einmal, wie so oft, sich gegenseitig auszustechen.
Illustration von Tamsin Hinrichsen.

Ein Löwe namens Simba lebte einmal allein in einer Höhle. In jüngeren Jahren hatte ihn die Einsamkeit nicht angefochten, doch kurz vor Beginn dieser Geschichte verletzte er sich so schwer am Bein, dass er nicht mehr imstande war, sich sein Fressen zu besorgen. So merkte er schließlich, dass Geselligkeit doch auch ihre Vorteile hat.

Es hätte wohl schlimm mit ihm enden können, wäre Sunguru, der Hase, nicht eines Tages zufällig an seiner Höhle vorbeigekommen. Sunguru schaute hinein und stellte fest, dass der Löwe am Verhungern war. Sofort machte er sich daran, seinen kranken Freund zu betreuen und für sein Wohlergehen zu sorgen.

Unter der fürsorglichen Pflege des Hasen kam Simba allmählich wieder zu Kräften, bis er schließlich in der Lage war, Kleinwild als Fressen für beide zu jagen. Schon bald türmte sich vor dem Eingang zur Höhle des Löwen ein großer Haufen Knochen auf.

Eines Tages schnüffelte Nyangau, die Hyäne, auf der Suche nach irgendetwas Fressbarem für ihr Nachtmahl in der Gegend herum. Der verlockende Geruch von Markknochen, der ihr dabei in die Nase stieg, führte sie zu Simbas Behausung, doch die Knochen lagen so in Sichtweite der Höhle, dass Nyangau nicht wagte, sie zu stehlen. Da sie ebenso feige war wie alle übrigen ihrer Artgenossen, gab es für sie nur einen Weg, an die schmackhaften Leckerbissen heranzukommen: Sie musste sich mit Simba anfreunden. So kroch sie also an den Höhleneingang und machte sich durch ein Husten bemerkbar.

«Wer stört diesen schönen Abend mit seinem schrecklichen Gekeuche?», fragte der Löwe und richtete sich zu voller Größe auf, um zu sehen, was es mit dem Geräusch auf sich hatte.

«Ich bin's, deine Freundin Nyangau», stammelte die Hyäne, die auch noch ihr letztes bisschen an Mut verlor. «Ich bin gekommen, um dir zu sagen, wie schmerzlich du von den Tieren vermisst wurdest und wie sehr wir uns darauf freuen, dich möglichst bald wieder bei guter Gesundheit zu sehen!»

«Fort mit dir», knurrte der Löwe. «Ein wahrer Freund, so scheint mir, hätte sich schon längst nach meiner Gesundheit erkundigt, anstatt abzuwarten, ob ich ihm noch einmal nützlich sein kann. Fort mit dir, sage ich!»

Den schmutzigen Schwanz zwischen die krummen Beine geklemmt, machte sich die Hyäne eiligst aus dem Staub, während ihr das freche Kichern des Hasen in den Ohren nachhallte. Den Haufen verlockender Knochen vor dem Eingang von Simbas Höhle allerdings konnte sie nicht vergessen.

«Ich werd's noch einmal probieren», beschloss die dickfellige Hyäne. Ein paar Tage später suchte sie Simba wieder auf, als der Hase gerade fort war, um für die Zubereitung des Nachtmahls Wasser zu holen.

Sie traf den Löwen beim Nickerchen am Eingang der Höhle an.

«Freund», hob Nyangau mit geziertem Lächeln an, «ich habe allen Grund zu der Annahme, dass die Wunde an deinem Bein nur schlecht verheilt, was an der heimtückischen Behandlung liegt, die dir dein angeblicher Freund Sunguru angedeihen lässt.»

«Was soll das heißen?», knurrte der Löwe grimmig. «Ich habe Sunguru zu danken, dass ich während der schlimmsten meiner Krankheiten nicht verhungert bin, während du und deinesgleichen euch durch Abwesenheit hervorgetan habt!»

«Nichtsdestotrotz stimmt es, was ich dir sage», säuselte die Hyäne in vertraulichem Ton. «Es ist im ganzen Lande bekannt, dass Sunguru deine Wunde absichtlich falsch behandelt, um deine Genesung zu hintertreiben. Denn bist du erst bei Kräften, verliert er seine Stellung als dein Haushälter – die ihm natürlich ein sehr bequemes Leben bietet! Lass es dir gesagt sein, guter Freund: Sunguru handelt nicht zu deinem Besten!» In diesem Augenblick kehrte der Hase vom Fluss zurück, die Kalebasse bis an den Rand mit Wasser gefüllt. «Nun», sagte er an die Hyäne gewandt, während er seine Last absetzte, «ich habe nicht erwartet, dich hier wiederzusehen, nachdem du neulich so übereilt und unrühmlich die Flucht vor uns ergriffen hast. Sag, was führt dich diesmal hierher?»

Simba wandte sich an den Hasen. «Ich habe mir Nyangaus Geschichten über dich angehört», sagte er. «Sie erzählt mir, dass du im ganzen Land berühmt bist für dein Können und deine Geschicklichkeit als Heiler. Des Weiteren erzählt sie mir, dass die Medizin, die du verschreibst, nicht ihresgleichen kennt. Doch gleichzeitig betont sie auch, dass du meine Beinwunde schon seit langem hättest heilen können, wenn du denn gewollt hättest. Entspricht das der Wahrheit?»

Sunguru besann sich einen Augenblick. Er wusste, dass in dieser Situation größte Vorsicht geboten war, denn er hatte den starken Verdacht, dass Nyangau ihn hereinzulegen versuchte.

«Hm», sagte er zögerlich, «ja und nein. Ich bin ja nur ein sehr kleines Tier, und manchmal sind die Heilmittel, die ich brauche, sehr groß, so dass ich sie nicht besorgen kann – wie beispielsweise in deinem Fall, guter Simba.»

«Was meinst du damit?», stotterte der Löwe. Er setzte sich auf und war mit einem Mal ganz Ohr.

«Genau das, was ich gesagt habe», entgegnete der Hase. «Ich benötige ein Stück Haut vom Rücken einer ausgewachsenen Hyäne, das ich auf deine Wunde legen kann – erst dann wird sie vollständig verheilen.»

Kaum hatte er dies gehört, stürzte sich der Löwe auf Nyangau, die so überrascht war, dass sie nicht einmal mehr die Flucht ergreifen konnte. Er riss dem dummen Tier vom Kopf bis zum Schwanz einen Hautstreifen ab und klatschte ihn sich auf die Wunde am Bein. Die zurückbleibenden Haare am Rücken der Hyäne sträubten sich, und deswegen haben Nyangau und ihre Artgenossen bis heute lange, borstige Haare, die ihnen vom Nacken ihres missgestalteten Körpers abstehen.

Durch diesen Vorfall verbreitete sich Sungurus Ruf als Medizinmann überall im Lande, denn die Wunde an Simbas Bein verheilte ohne weitere Schwierigkeiten. Nyangau jedoch fand erst nach vielen Wochen den Mut, sich wieder in der Öffentlichkeit zu zeigen.

Mmadipetsane *In alten Erzählungen,*
wie man sie nicht nur in Afrika, sondern auch sonst auf der ganzen Welt findet,
werden Kinder manchmal sehr ausdrücklich vor Ungehorsam gewarnt.
Die hier von der Volkskundlerin Minnie Postma nacherzählte
und von Lynn Gilbert illustrierte Geschichte aus Lesotho
bildet dabei keine Ausnahme.

Die Alten erzählen die Geschichte von Mmadipetsane, dem Kind, das nicht auf die Ermahnungen der Erwachsenen hören wollte:

Eines Tages wird Mmadipetsane von ihrer Mutter gerufen: «Heee-laaa! Mmadipetsane!»

«Ja, Mme, ich komme!», antwortet das Mädchen.

Kaum ist sie da, sagt ihre Mutter: «Hör zu, liebes Kind, nimm den Korb – den Seroto – und hol uns ein paar Wurzeln aus dem Veld*. Und pflück auch ein paar wilde Spinatblätter zum Dämpfen.»

Mmadipetsane nimmt den Korb und macht sich auf den Weg ins Veld. Es dauert lange, ehe sie eine Stelle findet, wo viele wilde Wurzeln wachsen. Sie gräbt und gräbt, und wenn sie eine Wurzel freilegt, wischt sie sie an einem Grasbüschel ab und legt sie in den Seroto.

Da taucht plötzlich der Ledimo** auf, das menschenfressende Ungeheuer. Er sieht sie. Sie sieht ihn. Er ist sehr hässlich. Er ist fast so groß wie ein Baum und schwärzer als die finsterste Nacht. Seine Zähne sind so groß wie die Hauer eines wilden Ebers.

«Heee-laaa, Mmadipetsane! Wonach gräbst du da?», brüllt er, und seine Stimme klingt wie der Schrei des Kuckucks, wenn er sein Ei zwischen die Steine

* Subtropisches, sommerfeuchtes Grasland im innern Hochland Südafrikas
** Menschenfressendes Ungeheuer

auf dem Boden legt. Doch Mmadipetsane hat keine Angst vor ihm. Sie antwortet nicht einmal. Noch einmal ruft er: «Heee-laaa, Mmadipetsane, warum gräbst du so emsig?»

Diesmal antwortet sie, und ihre Stimme klingt wie der Wind, der über das Veld weht. «Ich grabe nach den Wurzeln, die dem Ledimo gehören, und ich pflücke die jungen Spinatblätter, die beim Misthaufen wachsen.»

Er schreitet auf sie zu. Er versucht sie zu fangen und zu fressen, weil er ja ein Menschenfresser ist. Blitzschnell wie eine Feldmaus huscht sie davon … und wie eine Feldmaus verkriecht sie sich in einem Loch. Das Loch ist zu klein für den Ledimo, das riesige Ungeheuer, und er kann sie nicht fangen.

«Wart's nur ab», sagt er mit lauter Stimme. «Ich bin schlau, ich werde schon ein Mittel finden, dich zu fangen.» Und er schmatzt mit den Lippen und schluckt so laut, dass er wie die Frösche klingt, wenn sie ins tiefe Wasser hüpfen: *duma-duma-duma!*

Doch Mmadipetsane lacht ihn nur aus. Sie ärgert ihn. Sie verspottet ihn und sagt, er sehe aus wie ein grausliches Schreckgespenst, ein Kgokgo*. Neckend und spottend singt sie:

«Sai kgokgo, sai kgokgokgo-kgo. Sai kgokgo, sai kgokgokgo-kgo… Sai! Sai!»

Dem Ledimo tut es in den Ohren weh, sie so singen zu hören. Ihm ist, als hätte er Flöhe in den Ohren, die ihn beißen: «Sai! Sai! Sai!»

Er kehrt in seine Behausung zurück, wo er sie nicht mehr hören kann.

Wie eine kleine Feldmaus lugt das ungezogene Mädchen aus dem Loch hervor. Als sie sieht, dass er fort ist, schlüpft sie leise heraus und flitzt durch die Gräser und Büsche, bis sie ihr Hae, ihr Haus, erreicht.

«Hier sind die Wurzeln, Mme», sagt sie.

«Wo bist du gewesen, mein Kind?»

«Ao, Mme we, ich musste sehr weit laufen, bis zum Feld des Ledimo.»

«Jo – nna nna! Warum hörst du nicht auf mich? Haben dir die Schweine die Ohren abgebissen, als du klein warst? Ich hab dir doch gesagt, du sollst dich von ihm fernhalten.»

«Tja!», antwortet das ungezogene Mädchen. «Ich hab keine Angst!»

«Du solltest aber Angst vor ihm haben! Er ist größer als jeder Häuptling, er

* Schreckgespenst, Buhmann

ist stärker als jeder Bulle und gefährlicher als die riesige Wasserschlange, die zusammengerollt im glänzenden tiefen Teich liegt.»

«Schau mich doch nur an, deine Mmadipetsane. Ich bin zwar klein und schwach, aber ich bin schlauer als er», gibt sie zurück. «Er kann mich nicht fangen, denn ich bin so schlau wie der Schakal, der Phokojwe.»

«Was bildest du dir ein, du ungehorsames Kind!», schimpft ihre Mutter.

«Mme, ich weiß, wie's der Schakal anstellt. Ich verstecke mich in dem Erdloch, das der Schakal mit seinen Pfoten für mich gegraben hat. Aber der Ledimo, der Riese, der Starke, der Gefährliche, kann nicht hinein. Dann ärgere ich ihn mit diesem Lied:

«Sai kgokgo, sai kgokgokgo-kgo. Sai kgokgo, sai kgok-gokgo-kgo… Sai! Sai! Sai!»

«Und was passiert dann, mein Kind?»

«Dann wird er wütend. Er stampft auf den Boden wie Puhu, der Bulle, mit seinen Hufen … und alles, was ich höre, ist das *dump-dump-dump* seiner stampfenden Füße.»

Die Frau warnt ihr Kind noch einmal, doch Mmadipetsane kümmert sich überhaupt nicht darum. Früh am nächsten Morgen, während ihre Mutter im Tonkrug Wasser aus dem Brunnen schöpft, nimmt sie ihren Seroto und läuft zu den Feldern des Ledimo, um nach Wurzeln zu graben und junge Blätter vom wilden Spinat zu pflücken, der beim Misthaufen wächst.

Der Ledimo sieht, wie sie kniend gräbt.

«Heee-laaa, du! Wonach gräbst du da so früh am Morgen, Mmadipetsane?»

«Ich grabe nach den Wurzeln, die dem Ledimo gehören, und pflücke den wilden Spinat, der auf seinen Feldern wächst!»

Er stürmt auf sie los, um sie zu fangen, sie aber huscht flink wie eine Feldmaus über das Gras und durch die Büsche zu dem Loch, das der Schakal für sie gegraben hat. Der Ledimo kann sie nicht erwischen. Er ist wütend. Er riecht sie, und das macht seinen Appetit auf zartes, saftiges Menschenfleisch nur noch größer. Er hört ihre Stimme aus dem Innern des Schlupflochs: «Sai kgokgo, sai kgok-gokgo-kgo, sai, sai sai!» Es durchbohrt ihn wie Pfeile.

Doch er ist schlau, der Ledimo. Er ist sogar listiger als der Schakal, aber das weiß Mmadipetsane nicht. Er ist wütend auf sie, doch er sagt nichts. Er setzt sich vor das Loch und wartet — wie eine alte Frau, die dasitzt und darauf wartet, dass ihre Kinder ihr etwas zum Essen bringen. Er sitzt da wie eine Katze, die darauf wartet, dass die Maus aus ihrem Loch kommt.

Doch Mmadipetsane ist noch listiger als er; sie ist so schlau wie die Maus. Auch sie sitzt da und wartet ruhig ab. *Tu-u-u-u.*

Dann überlegt sich der Ledimo, wie er sie herauslocken kann.

«Mmadipetsane, du musst jetzt rauskommen. Die Sonne steht hoch am Himmel. Deine Mutter steht schon oben auf dem großen Felsen – dem Lefika* – und hält Ausschau nach dir. Sie wartet auf die Wurzeln und den wilden Spinat, denn sie hat Hunger!»

«Sai, sai, sai, sai – kgokgokgo-kgo!», neckt sie ihn. Er wird so wütend, dass er umfällt wie ein vom Wind entwurzelter Baum. Er schlägt auf den Boden, *boom!* Sie weiß, dass er nicht tot ist und bleibt ruhig sitzen wie eine Maus in ihrem Schlupfloch: *tu-u-u!* Als sie hungrig wird, isst sie ein paar von den Wurzeln, die sie für ihre Mutter gesammelt hat, aber sie rührt sich nicht vom Fleck.

Jetzt hat der Ledimo eine andere Idee. Er versucht, den Ton ihrer Mutter nachzuahmen. Mit hoher Stimme sagt er: «He-la, Mmadipetsane, mein Kind! Wo steckst du? Die Sonne geht schon über den Baumwipfeln im Westen unter.»

Doch Mmadipetsane ist nicht dumm. Sie lacht ihn aus und neckt ihn: «Sai, sai, sai kgokgokgo-kgo, sai, sai, sai, sai, kgokgokgo-kgo… Oh, du willst meine Mutter sein? Ausgerechnet du? Du hässlicher alter Pavian mit deinen Hauern wie ein wilder Eber und deinem Bauch wie ein Bierfass? Dass ich nicht lache!»

Der Ledimo sitzt still da und hört sich das alles an. Er denkt und denkt und denkt. Ja, jetzt hat er's – er wird seine Stimme noch weicher machen.

Wieder ruft er nach ihr: «Mmadipetsane! Liebling, wo steckst du? Es ist spät, die Sonne steht noch tiefer. Jetzt ist sie schon hinter den Baumästen…»

«Sai, sai, sai, kgo-kgo!», lacht sie. «Oh, du willst meine Mutter sein? Deine Stimme ist so rau wie die felsige Seite des Bergs! Mmes Stimme ist weich – so weich wie feiner Sand am Rand des Wassers! Sai, sai, sai, kgo-kgo», lacht sie ihn aus dem Innern des Schlupflochs aus.

Diesmal ruft der Ledimo mit ganz, ganz sanfter Stimme. «Mmadipetsa-neee, komm nach Hause. Ich warte auf die Wurzeln und die Spinatblätter. Die Sonne berührt schon die Berggipfel im Westen!»

* Großer Felsen

Doch seine Stimme ist noch immer kräftig und rau. Sie klingt überhaupt nicht wie die Stimme einer Mutter.

Aus dem Innern ihres Lochs antwortet Mmadipetsane: «Geh schlafen, Ledimo... Ich hab dir doch gesagt, wenn Mme spricht, dann klingt das wie winzige Sandkörner, die nicht einmal die Füße eines Kleinkinds verletzen würden, das seine ersten Schritte auf ihnen macht.»

Und als der rote Sonnenball hinter den Bergen im Westen verschwindet, hört sie den Ledimo fortgehen. Lautlos wie ein Mäuschen schlüpft sie aus ihrem Loch und läuft den ganzen Weg nach Hause, zu ihrem Hae.

In dieser Nacht hat der Ledimo eine glänzende Idee. In der Dunkelheit rennt er wie ein Hase über die Grasbüschel zu dem Loch, in dem sich Mmadipetsane immer vor ihm versteckt – vor ihm, dem Riesen, dem Starken, dem Gefährlichen. Mit seinen mächtigen Händen stopft er das Loch voller Steine... Oben lässt er gerade noch genügend Platz für Mmadipetsanes Kopf. Dann geht er schlafen.

Früh am nächsten Morgen geht das ungehorsame Mädchen auf das Feld des Ledimo, um nach Wurzeln zu graben. Er verlässt seine Behausung beizeiten, um sie zu fangen. Er brüllt: «Heee-laaa, du! Wonach gräbst du da?»

«Ich grabe nach den Wurzeln im Feld des Ledimo.»

Wütend stürzt er auf sie los. Sie huscht davon so schnell wie eine Feldmaus, um sich in ihrem Loch zu verstecken, aber sie weiß nicht, dass es fast ganz mit Steinen gefüllt ist.

Sie versucht sich wie ein Mäuschen in Sicherheit zu bringen, doch die Steine lassen nur ihren Kopf hinein. Der ganze Körper ragt außen vor.

«Ha-ha-ha-ha-ha!», lacht der Ledimo in seiner rauen Stimme, die so klingt, als polterten Felsbrocken vom Berg herab. «Ha-ha-ha-ha!», lacht der Ledimo. Er schmatzt mit den Lippen und macht dabei ein Geräusch wie Kinder, die in den Teich springen und herumspritzen. Dann schnappt sich der Ledimo, der Riese, der Starke, der Gefährliche, das Mädchen, das nicht auf die Warnungen seiner Mutter hören wollte.

Er steckt Mmadipetsane in einen Sack, und die schreit: «Hiiiii-hiiii, ich will's auch nie wieder tun, bis ich alt bin ... bis zu dem Tag, an dem meine Beine vor Altersschwäche zusammenbrechen ... bis meine Zähne mir ausfallen wie welke

Blätter … bis meine Augen so blau sind wie die der Weißen, will ich nie wieder herkommen, um nach Wurzeln zu graben. Hiiii … bitte lass mich frei!»

Aber der Ledimo achtet nicht darauf. Er hört sie nicht einmal schreien. Er hört nur ihre Neckerei…

«Sai, sai, sai, kgokgokgo-kgo!»

Er knotet den Sack zu, wirft ihn sich über die Schulter und geht zu seiner Behausung, seinem Hae, wo er sie fressen wird.

So endet die Geschichte von dem ungehorsamen Kind und seiner Bestrafung.

Kamiyo vom Fluss

Kamiyo vom Fluss *Diese von Hugh Tracey aufgezeichnete und nacherzählte Geschichte aus der Transkei behandelt ein Thema, das unter verschiedenen Ausformungen auch in der Folklore anderer einheimischer Sprachgruppen auftaucht: Eine Statue oder ein anderes lebloses Objekt verwandelt sich in ein lebendiges Wesen oder umgekehrt. Die Illustration stammt von Diek Grobler.*

Es war einmal ein Mann, der hatte viel Vieh, viele Schafe und Ziegen, doch eines fehlte ihm: Er konnte keine Frau finden.

Eines Tages, als er am Flussufer entlang ging, sprach er zu sich selbst: «Wenn ich nicht bald eine Frau finde, dann ist es irgendwann zu spät für mich. Was soll ich machen?»

Er ließ sich am Rand des Flusses nieder und auf dem anderen Ufer sah er einen großen Baum mit schönen grünen Blättern.

«Ah!», sagte er, «wie wär's, wenn ich diesen Baum nehme und mir die Statue einer schönen jungen Frau daraus schnitze?»

Gesagt, getan. Er nahm seine Axt und sein Breitbeil und schnitzte aus dem Baum das Bild einer zauberhaften Frau. Als er fertig war, sah sie so schön aus, dass er ihr in die Nasenlöcher blies und ihre Augen berührte – und plötzlich wurde sie lebendig.

«Ah!», sagte er, «hier habe ich jetzt endlich meine Frau!»

Dann sagte er zu ihr: «Du darfst nie einem Menschen erzählen, woher du kommst. Wenn irgendjemand dich fragt, sagst du einfach, ‹Ich bin Kamiyo – Kamiyo vom Fluss›.»

Und so nahm er sie mit nach Hause. Er schenkte ihr einen Kopfring, wie verheiratete Frauen ihn zu tragen pflegen, einen Schurz, schöne Kleider und Perlen – alles, was sie begehrte. So lebten sie sehr glücklich miteinander.

Eines Tages kamen ein paar junge Männer am Haus vorbei. Als sie Kamiyo sahen, sagten sie: «Wie kann ein so alter Mann eine so junge, schöne Frau haben? Das ist nicht recht. Wir werden sie in unser Dorf mitnehmen.»

Sie ergriffen sie und schleppten sie in ihr Dorf auf der anderen
Seite des Hügels.

Der Ehemann war sehr betrübt, dass die starken jungen Männer ihm seine Frau weggenommen hatten, und fragte sich, was
er wohl tun könne.

Da fiel ihm etwas ein. Er hatte zwei Tauben, die rief er zu sich
und sagte: «Tauben, ihr werdet über den Hügel fliegen, zu dem
Dorf, wohin sie meine Frau verschleppt haben. Dort werdet ihr ein
Lied für sie singen, das ich euch lehren will, und dann bringt ihr mir ihren
Schurz zurück.»

Die beiden Tauben lernten also das Lied und flogen über den Hügel. Sie ließen
sich auf dem Zaun um das Gehege nieder, in dem Kamiyo von den jungen Männern gefangen gehalten wurde, und begannen zu singen:

Kamiyo, Kamiyo,
Wir sind von deinem Mann geschickt.
Kamiyo, Kamiyo,
Er sagte uns, wir sollten hierher kommen,
Kamiyo, Kamiyo,
Und ihm deinen Schurz, deinen Schurz zurückbringen.

Als die jungen Männer die Tauben singen hörten, sagten sie: «Also gut! Gib
ihnen deinen Schurz. Wir haben noch viel mehr. Alles, was wir wollen, bist du.»

So gab sie den Tauben ihren Schurz, und diese flogen damit zurück zu ihrem
Mann. Am nächsten Tag sagte der Ehemann zu den Tauben: «Heute müsst ihr zu
ihr und ihren Kopfring verlangen.»

So flogen sie über den Hügel, ließen sich wieder auf dem Zaun nieder und
sangen:

Kamiyo, Kamiyo,
Wir sind von deinem Mann geschickt.
Kamiyo, Kamiyo,
Er sagte uns, wir sollten hierher kommen,
Kamiyo, Kamiyo,
Und ihm deinen Kopfring, deinen Kopfring zurückbringen.

Und die jungen Männer sagten: «Gib ihnen den Kopfring. Wir wollen ihn nicht; wir wollen nur dich.»

So gab sie den Tauben ihren Kopfring, und diese flogen wieder zurück.

Jeden Tag flogen die Tauben über den Hügel und baten sie um etwas anderes, um alles, was sie hatte, bis ihr Mann schließlich sagte: «Nun, meine Tauben, müsst ihr zu ihr und um ihr Leben bitten.»

So flogen die Tauben noch einmal zurück. Diesmal saß Kamiyo vor der Hütte; so ließen sie sich auf ihrem Schoß nieder und sangen:

Kamiyo, Kamiyo,
Wir sind von deinem Mann geschickt.
Kamiyo, Kamiyo,
Er sagte uns, wir sollten hierher kommen,
Kamiyo, Kamiyo,
Und ihm dein Leben, dein Leben zurückbringen.

Und während sie sangen, hackten sie nach ihren Augen, und sofort verwandelte sich Kamiyo in eine Statue zurück.

Zuerst fielen ihr die Füße ab, dann die Beine; dann fielen ihr die Arme ab, dann der Kopf; und zu guter Letzt rollte ihr Körper langsam den Abhang hinunter, immer weiter, bis unten an den Fluss.

In dem Augenblick aber, wo er das Wasser berührte, verwandelte sie sich in einen Baum zurück und bekam wieder grüne Blätter. Und dort steht Kamiyo bis heute.

Spinne und die Krähen

In vielen afrikanischen Geschichten spielt die Spinne eine dramatische Rolle. Oft ist sie außerordentlich einfallsreich – so wie in diesem nigerianischen Volksmärchen, wo sie männlichen Geschlechts ist. In den Geschichten der Ashanti ist sie unter dem Namen Kwaku Anansi bekannt. Die Illustration stammt von Véronique Tadjo.

Vor langer, langer Zeit herrschte in einem Land eine große Hungersnot und niemand hatte etwas zu essen; niemand – mit Ausnahme der Krähen. Jeden Tag flogen sie eine weite Strecke, um Feigen von einem Baum zu picken, der mitten in einem breiten Fluss stand. Dann brachten sie die Früchte heim, um sie zu essen.

Als Spinne davon hörte, kam ihm sofort eine erfinderische Idee. Er beschmierte sich das Hinterteil mit Bienenwachs, nahm eine Tonscherbe, und unter dem Vorwand, sich ein Stück glühende Kohle auszuleihen, ging er zu den Krähen.

Als er bei den Vögeln eintraf, waren diese vollauf mit dem Essen beschäftigt, und überall auf dem Boden lagen Feigen um sie herum.

«Guten Morgen, liebe Freunde», sagte Spinne und ließ sich behutsam auf einer der köstlichen Früchte nieder. «Könntet ihr mir wohl ein Stück Kohle geben?»

Spinne nahm die Kohle, dankte den Krähen und machte sich von dannen – die Feige fest an sein Hinterteil geklebt.

Die Krähen schöpften nicht den geringsten Verdacht, denn der listige Dieb ging, Höflichkeit vorspielend, rückwärts, als er sich von ihnen entfernte.

Zu Hause angekommen, löschte Spinne die Kohle und kehrte eilends zu den Krähen zurück, um sie erneut um Feuer zu bitten. Diesmal wählte Spinne die größte und reifste Feige, und nach einer Weile machte er sich frech mit seiner Beute aus dem Staub.

Schließlich unternahm er noch einen dritten Versuch. Doch jetzt wurden die Vögel allmählich misstrauisch. «Wieso kommst du immer wieder, um uns um ein Stück Kohle zu bitten?», fragten sie.

«Auf dem Weg nach Hause ist die Kohle ganz verbrannt. Das passiert jedes Mal», antwortete Spinne.

«Du lügst!», sagte die älteste Krähe. «Ich bin sicher, du machst sie selber aus, damit du einen Grund hast, wieder herzukommen. Du hast es nur auf unser Essen abgesehen, du durchtriebene Kreatur!»

Spinne begann bitterlich zu weinen. «Oh, nein! Das ist nicht wahr! Die Kohle ist ganz von selbst verglüht. Ach! Seit meine Eltern tot sind, habe ich es so schwer im Leben. Als meine Eltern noch lebten, sagten sie mir immer wieder, wenn ich etwas brauche, solle ich mich an ihre Freunde, die Krähen, wenden. Ja, genau das waren ihre Worte. Und seht nur, wie ihr mich jetzt behandelt», schluchzte er.

«Ach, jetzt hör schon auf zu heulen!» sagte die älteste Krähe und pickte eine Feige auf. «Hier, nimm das und geh nach Hause. Wenn du morgen bei Tagesanbruch wiederkommst, nehmen wir dich zum Feigenbaum mit.»

«Seid herzlich bedankt, liebe Freunde», sagte Spinne und eilte, so schnell seine Beine ihn trugen, nach Hause.

In derselben Nacht, als die Krähen gerade einnickten, nahm Spinne ein Bündel Stroh und entfachte beim Nest der Vögel ein großes Feuer.

«Es ist Morgen! Es ist Morgen!», rief Spinne, während die Flammen zum Himmel emporloderten. «Seht nur, wie rot sich der östliche Himmel von der Sonne färbt!»

Doch die älteste Krähe antwortete: «Nein, Spinne, du hast ein Feuer gemacht. Warte, bis du den Hahnenschrei hörst.»

Spinne kroch ins Hühnerhaus und scheuchte das Federvieh auf, bis die Hennen zu gackern begannen und der große Hahn krähte.

«Aufgewacht! Der Morgen ist da!», rief Spinne.

«Du Schwindler! *Du* hast das Federvieh aufgeweckt, Spinne!», antwortete die älteste Krähe. «Komm, warten wir, bis wir den ersten Ruf zum Gebet hören.»

«Allah ist groß! Allah ist groß!», rief Spinne hinter einem Busch hervor.

Doch die älteste Krähe sagte: «Nein, ich erkenne deine Stimme. Du warst es, der gerufen hat, Spinne. Geh nach Hause und bleib dort. Ich hole dich, wenn die Sonne aufgeht.»

Spinne blieb nichts anderes übrig als zu warten. Er ging nach Hause und schlief ein.

Als es schließlich hell zu werden begann, wurde er von den Vögeln geweckt, und jede Krähe gab ihm eine Feder.

In dem geliehenen Federkleid flog Spinne mit den Krähen zum Feigenbaum mitten im breiten Fluss. Doch jedes Mal, wenn eine der Krähen eine Feige pflücken wollte, schrie er: «Nein, das darfst du nicht! Ich hab sie zuerst gesehen! Sie gehört mir!»

Dann nahm er die Feige und steckte sie in seinen Sack. So ging es immer weiter, bis keine Frucht mehr am Baum war. Spinne pflückte alle Feigen für sich, und die Krähen bekamen keine einzige.

«Jetzt weiß ich, dass du wirklich ein Schwindler bist!», sagte die älteste Krähe. Wütend rissen die Krähen ihm das Federkleid ab, das sie ihm geliehen hatten, und flogen davon.

Da saß Spinne nun ganz allein im Feigenbaum, rings von Wasser umgeben. Und zum ersten Mal in seinem Leben wusste er nicht, was er tun sollte.

Als die Dunkelheit hereinbrach, fing er zu weinen an.

«Wenn ich nicht den Rest meines Lebens hier in diesem Baum zubringen will, muss ich einfach in die Luft springen wie die Krähen», sagte Spinne schließlich zu sich. Er holte tief Luft und … *plumps!* fiel er ins Wasser – mitten unter die Krokodile!

«Was haben wir denn da?», fragte ein altes Krokodil. «Ist das was zum Fressen?»

«Sei nicht albern!», antwortete Spinne rasch und begann zu schluchzen. «Ich bin doch einer von euch. Wisst ihr nicht, dass ich seit Jahren von allen gesucht wurde? In den Tagen eurer Großväter – ich war damals noch ganz klein – bin ich davongelaufen. Und niemand hat mich je gefunden. Ihr seid die ersten meiner Familienangehörigen, denen ich begegne.»

Spinne weinte so sehr, dass ihm die Tränen auf den Boden platschten. Und auch die Krokodile vergossen Krokodilstränen. «Du armer Kerl!», schluchzten sie laut schniefend. «Sei unbesorgt, du kannst bei uns bleiben, hier in dem Loch am Flussufer, wo wir unsere Eier ablegen.»

Doch eines der Krokodile war misstrauisch und musterte Spinne sehr aufmerksam. «Zuerst müssen wir sicher sein, dass er tatsächlich einer von uns ist», dachte es.

«Komm, wir wollen dem Fremden eine Schlammbrühe bereiten», sagte es leise zu einem anderen Krokodil. «Trinkt er sie, dann wissen wir, dass er die Wahrheit spricht. Weist er sie zurück, dann wissen wir, dass er lügt und ganz bestimmt nicht zu uns gehört.»

Gesagt, getan.

Als Spinne die Kalebasse mit der Schlammbrühe sah, gab er sich den Anschein freudiger Erregung. «Woher habt ihr nur dieses wunderbare Rezept aus Groß-mutters Zeiten?», fragte er, während er so tat, als trinke er die Brühe. Doch heimlich grub er mit den Hinterbeinen ein Loch in den Sand und bohrte mit den Vorderbeinen ein winziges Loch in den Boden der Kalebasse.

«Das war köstlich!», rief er und stellte die Kalebasse hinter sich ab, während das Gebräu im Boden versickerte.

«Ja, er ist wirklich einer von uns», sagten die Krokodile untereinander, als sie die leere Kalebasse sahen. Also durfte Spinne in dem Loch schlafen, zusammen mit den Krokodilskindern und den Eiern der Krokodile, einhundertundeins an der Zahl.

Ehe Spinne hineinkroch, sagte er: «Aufgepasst, Kinder. Wenn ihr des Nachts ein *plopp* hört, dann braucht euch das nicht zu beunruhigen. Das ist nur ein Rülp-ser von mir, weil ich die köstliche Schlammbrühe eurer Mutter verdaue.»

Als alle Krokodile eingeschlafen waren, nahm Spinne ein Ei und warf es ins Feuer.

Plopp! Das Ei zerplatzte.

«Das ist unser komischer Großvater-Onkel, der rülpst», sagten die kleinen Krokodile untereineinander.

Und die großen Krokodile, die das zufällig hörten, sagten: «Ruhig, Kinder, so spricht man doch nicht über die Familie!»

Doch Spinne sagte: «Lasst sie nur. Es sind ja meine Enkel. Sie dürfen sagen, was sie wollen.»

So röstete er die Eier im Feuer, eins nach dem anderen, und aß sie alle auf. Die ganze Nacht über hörten die Krokodile immer wieder mal ein *plopp*. Und jedes Mal sagte einer: «Das ist nur unser komischer Großvater-Onkel, der rülpst.»

Am Morgen war nur noch ein einziges Ei übrig.

Als die alten Krokodile die jungen aufforderten, die Eier umzudrehen, sagte Spinne schnell: «Halt, halt! Das hab ich schon gemacht.»

Dann wollten die Krokodile, dass die Eier gezählt würden.

«Ich bring sie euch raus, Stück für Stück», sagte Spinne.

Er holte das Ei aus dem Loch heraus, legte es vor die Krokodile hin, und diese markierten es.

Spinne verschwand mit dem Ei wieder im Loch, leckte die Markierung ab und brachte es zurück. Wieder markierten die Krokodile das Ei.

Und so trug er dasselbe Ei immer wieder raus und rein.

«Zwei … drei … vier …», zählten die Krokodile die Eier, bis sie endlich bei einhundertundeins angelangt waren.

«Alle unsere Eier sind noch da», sagten sie jeden Tag voller Zufriedenheit.

«Ich bin so glücklich, dass ich meine Blutsverwandten wiedergefunden habe», sagte Spinne eines Tages. «Aber ich will gehen und meine Frau und Kinder holen, so dass wir alle wieder beisammen sind.»

«Ja, tu das», sagten die Krokodile. «Aber komm schnell zurück, damit du wieder mit uns spielen und uns beim Eierzählen helfen kannst.»

«Natürlich», sagte Spinne, der Schwindler. «Es ist ein großartiges Spiel, nicht wahr? Wenn ihr mir über den Fluss helft, bin ich sehr bald wieder zurück.»

Die Krokodile setzten ihn in ein Kanu, und zwei von ihnen ruderten mit ihm fort.

Doch eins der beiden Krokodile dachte über seine lange Schnauze hinaus und traute der Angelegenheit nicht. Als sie auf der Mitte des Flusses waren, drehte es sich um und sagte: «Warte einen Augenblick. Ich komme gleich zurück. Ich will nur mal nach den Eiern sehen.»

Und so entdeckten die Krokodile, dass es nur einziges markiertes Ei gab.

«So ein Schwindler!», schrien sie. «Bring ihn sofort zurück! Er ist keiner von uns!», riefen sie über den Fluss.

Doch das Krokodil, das das Kanu ruderte, war etwas schwerhörig.

«Hör nur!», sagte Spinne zum Ruderer. «Sie sagen, du sollst dich beeilen. Gleich kommt die Flut.» Damit spornte er das Krokodil an, bis er sicher am anderen Flussufer war. Und so entkam er ungeschoren.

Natiki *Diese Geschichte
aus dem Namaqualand mit ihren Anklängen
an das europäische Aschenputtel-Motiv wird hier von Glaudien Kotzé
nacherzählt, die sie als Kind von einer über alles geliebten
Nama-Erzählerin namens Tryntjie Kokas hörte. Für Kotzé war Kokas
eine «Meistererzählerin». Die Illustration stammt von
Nikolaas de Kat.*

Die Abendsonne der Kalahari geht hinter den Dornenbäumen unter. Die Jäger kehren aus dem Veld* zurück. Im Kral** reden die Menschen und lachen.

Die beiden Schwestern von Natiki und ihre Mutter reiben sich den Körper mit Fett ein. Sie machen sich schön, denn heute Nacht ist Vollmondtanz.

Natikis Herz brennt darauf, auch zu dem großen Tanz zu gehen, doch als sie ihre Mutter fragt, ob sie mitkommen könne, sagt ihre Mutter nur: «Geh und hol die Ziegen und sorg dafür, dass sie vor Einbruch der Nacht hier sind. Bring auch Holz mit und mach ein großes Feuer, das die wilden Tiere fernhält.»

Von ihrer Mutter und ihren beiden Schwestern wird Natiki sehr, sehr schlecht behandelt. Sie sind eifersüchtig auf sie, denn sie ist schöner als ihre beiden älteren Schwestern. Und sie fürchten, ein junger Jäger könnte beim Tanz an *ihr* Gefallen finden.

So geht Natiki hinaus ins Veld. Als sie mit den Ziegen in den Kral zurückkehrt, sind ihre Mutter und ihre Schwestern schon auf dem Weg zum Tanz.

Sie legt eine Handvoll Stacheln vom Stachelschwein, die sie unterwegs gesammelt hat, auf die Mauer der Kochstelle. Sie zerkleinert das Brennholz. Sie schichtet es auf und entzündet das Feuer.

* Subtropisches, sommerfeuchtes Grasland im innern Hochland Südafrikas
** Rundsiedlung aus Hütten, die von einer Familie oder einem Clan bewohnt werden; auch Bezeichnung für das Viehgehege

Dann reibt sie sich den Körper mit Fett ein, bis ihre Haut wie poliertes Kupfer glänzt. Sie bürstet sich das Haar mit einem Dornenzweig und reibt sich eine gelbe Mixtur aus zerriebener Borke und Fett ins Gesicht. Den Hals schmückt sie sich mit Perlen aus Straußeneierschalen. Sie windet sich Perlenketten ins Haar und bindet sich getrocknete Springbockohren, gefüllt mit Samen, an die Beine. Zum Schluss verstaut sie die Stacheln vom Stachelschwein in ihrem kleinen Lederbeutel.

Der Mond steht schon hoch am Himmel, als sie sich auf den Weg macht. Hier und da steckt sie beim Gehen einen Stachel in den Boden.

Als sie oben auf der Anhöhe steht und das große Feuer des Tanzes sieht, wird sie zunächst etwas aufgeregt. Was werden ihre Mutter und ihre Schwestern sagen? Doch dann steigt ihr der Duft des gerösteten Fleischs in die Nase, ihre Füße hüpfen hin und her, und die Springbockohren an ihren Knöcheln tanzen und rasseln.

Als sie ans Feuer herantritt, stellt sie sich zunächst auf die eine Seite. Dann erblickt sie ihre Mutter und ihre Schwestern. Doch die fragen sich ebenso wie die anderen Frauen, welche Fremde da so allein zum Fest gekommen ist.

Natiki stellt sich zu den Frauen, die singen und in die Hände klatschen. Sie fällt in ihren Gesang mit ein. Sie klatscht in die Hände, und die Füße werden ihr ganz leicht. Ein junger Jäger lächelt sie an, als sie an ihm vorbeitanzt. Sein Blick bleibt an ihr hängen.

Als es spät wird, beginnen Natikis Schwestern zu gähnen – und mit ihren weit aufgerissenen Mündern sehen sie noch hässlicher aus. Natikis Mutter ergreift die Gelegenheit und sagt zu ihren beiden ältesten Töchtern: «Nehmt euch noch etwas Fleisch, und dann gehen wir nach Hause.» Und damit sind sie fort.

Natiki singt und klatscht noch sehr, sehr lange mit den anderen Frauen. Als sie alle erschöpft sind, kommt der junge Jäger auf sie zu. «Ich werde mit dir gehen», sagt er.

Während sie den Stachelschweinstacheln auf dem Weg zur Hütte ihrer Mutter folgen, erzählt Natiki ihm alles über ihre beiden Schwestern und ihre Mutter, die sie so schlecht behandeln. Und wie wütend ihre Mutter werde, wenn sie merke, dass Natiki auch zum Tanz gegangen ist.

Da sagt der Jäger: «Ich werde dich fortnehmen von ihnen. Ich werde darüber selbst mit deiner Mutter reden.»

Die Mutter und die Schwestern hören die Stimmen von ferne näher kommen.

«Das muss sie sein, die mit einem der Jäger heimkommt», sagt die jüngere Schwester.

«Nein, wer würde denn mit *der* schon gehen wollen?», fragt die älteste Schwester, die sehr eifersüchtig auf Natiki ist.

Natiki taucht mit dem jungen Jäger in der roten Glut des Feuers auf. Sie sieht wirklich schön aus.

«Du böses Kind, was fällt dir überhaupt ein?», schimpft ihre Mutter los.

Als der junge Jäger sieht, dass Natiki zu zittern beginnt, stellt er sich direkt vor ihre Mutter. «Ich nehme Natiki noch heute Nacht mit, für immer», sagt er. «Und ich werde dafür sorgen, dass ihre Töpfe nie leer sind.»

«Du wirst schon sehen, wie unnütz sie ist!», schreit ihre Mutter und springt auf, um Natiki und den Jäger zu trennen. Doch Natiki ist zu schnell für sie. Mit einem Sprung stellt sie sich hinter den Jäger. Nun kann ihre Mutter nichts mehr machen.

So geht Natiki mit dem Jäger zu seinen eigenen Leuten in weiter, weiter Ferne.

Jeden Nachmittag, wenn ihre Mutter und ihre Schwestern nach Hause kommen, erschöpft von der schweren Last Holz auf ihrem Rücken, murren die beiden Schwestern: «Natiki, Natiki, eines Tages kriegen wir dich doch zurück.»

Doch Natiki ist froh und glücklich. Sie kümmert sich liebevoll um ihren Mann und ihre Kinder.

Und es ist genau so, wie der Jäger gesagt hat: Sie hat immer Fleisch im Topf.

Der Hase und der Baumgeist

Der Hase, meistens ein listiger, verschlagener Geselle, kommt in zahllosen afrikanischen Erzählungen vor, und zwar mit ganz unterschiedlichen Namen: Kululu, Sunguru oder Mvundlazana. In dieser von Phyllis Savory nacherzählten und von Lyn Gilbert illustrierten Xhosa-Geschichte tut der Hase – was eher ungewöhnlich für ihn ist – jemandem einen Gefallen.

Eines Morgens, in aller Frühe, kehrte eine hagere alte Frau aus einem Nachbardorf, wo sie an einer Hochzeit teilgenommen hatte, nach Hause zurück. Sie achtete nicht auf einen kaputten Topf, der auf dem Wege lag, so dass sie über ihn stolperte, hinfiel und sich an einer Scherbe das Bein verletzte.

«Verflucht sei der Dummkopf, der seinen Abfall auf dem Weg liegen lässt, wo anständige Leute entlanggehen!», rief sie aus und rappelte sich mühsam wieder auf. «Sein Erstgeborener soll ab sofort stumm sein und es bleiben, bis jemand den Bann bricht, indem er etwas so Törichtes macht wie derjenige, der diesen kaputten Topf auf dem Wege liegen ließ, um mich zu plagen!»

Und sie setzte ihren Weg fort.

Nicht weit entfernt lebte ein hart arbeitender Mann namens Dondo mit seiner Frau und ihrer siebenjährigen Tochter Tembe. Die nicht mehr ganz jungen Eltern hatten sich in jahrelangen Mühen die Bequemlichkeit erarbeitet, die sie jetzt genießen durften, und das Leben war gut zu ihnen gewesen bis auf eine Ausnahme: Es hatte ihnen nur ein einziges Kind beschert, eine Tochter. Man stelle sich ihre Bestürzung vor, als sie an diesem Morgen feststellen mussten, dass sie über Nacht die Sprache verloren hatte.

«Wer hat diesen bösen Fluch über sie verhängen können?», fragten sie sich.

Sie holten sich bei vielen Medizinmännern Rat, aber niemand konnte dem Kind helfen, und so gingen die Jahre ins Land. Das Mädchen wuchs heran, wurde anmutiger und schöner, doch es bestand kaum Hoffnung auf irgendwelche Reichtümer in Form der Lobola* – des Brautpreises –, die ihre Eltern für eine so

---

* Der Brautpreis – normalerweise in Form von Vieh –, den ein afrikanischer Mann den Eltern oder dem Vormund seiner zukünftigen Ehefrau zahlt

fleißige, reizende und schöne Tochter zu Recht hätten erwarten können. Das betrübte sie zutiefst, denn wer, so fragten sie sich, würde schon für eine stumme Ehefrau bezahlen?

Wie wahr sollten ihre Befürchtungen sein! Die Nachricht über die Heimsuchung ihrer Tochter hatte sich nämlich überall verbreitet, und niemand kam, der um ihre Hand angehalten hätte. Einen jedoch gab es, einen jungen Mann namens Nthu, dessen Herz von ihrer Schönheit so berührt war, dass er sich danach sehnte, ihr zu helfen.

«Wenn ich den Baumgeistern nur ein angemessenes Geschenk anbiete», dachte er bei sich, «dann werden sie sich dieses zauberhaften Mädchens bestimmt erbarmen und sie von dem Fluch befreien, der ihr die Zunge gelähmt hat.»

Nthu wartete bis zum Einbruch der Nacht, auf dass niemand von seinem Vorhaben erführe. Dann ging er zu einer mächtigen Euphorbie, die ganz in der Nähe wuchs, und erzählte den Baumgeistern alles, was dem Mädchen widerfahren war.

Mvundla, der Hase, aber hatte seinen Bau genau am Fuß eben dieses Baums, und als er in seinem Schlummer durch Nthus Fürsprache aufgeschreckt wurde, hörte er sich diese mit großem Interesse an. Er beschloss, sich auf Nthus Kosten einen Spaß zu erlauben, der ihm gleichzeitig, so hoffte er, auch nützlich sein würde.

Mit möglichst rau klingender Stimme antwortete er: «Du, der du mich um dieses bittest, was hast du mir als Entlohnung zu bieten?»

«Guter Geist», antwortete Nthu nach einer Weile, «fordere, was du willst, und ich werde es freudig zahlen, denn mein Herz verzehrt sich nach diesem zauberhaften Mädchen.»

«Hmm-hmmm», machte der Hase und tat so, als überlege er sich die Angelegenheit reiflich, «ich würde gerne, dass du mir jeden Tag einen üppigen Vorrat an frischem, grünem Gemüse und schmackhaften Beeren hierher bringst, dann werde ich mir die Sache gut überlegen.»

Und tatsächlich brachte Nthu hoffnungsvoll einen reichlichen Vorrat an frischem Grünzeug und legte ihn zu Füßen der großen Euphorbie, und Tag für Tag genoss der Hase seine köstlichen Mahlzeiten. Doch irgendwann begann ihn sein Gewissen zu zwacken, denn er war eigentlich kein schlechter Hase.

76

Er beschloss, das heimgesuchte Mädchen näher kennenzulernen und sie von ihrer Stummheit zu heilen, denn er hielt sich für ganz besonders fähig.

Am nächsten Morgen ging er zu Dondos Hirsefeldern, die er nur allzu gut kannte, hatte er sie doch in der Vergangenheit mehr als einmal heimgesucht. Dort traf er das Mädchen Tembe an, die behutsam eine Reihe von Setzlingen nach der anderen pflanzte. Sie beachtete ihn gar nicht, als er ihr seine Hilfe anbot, sondern setzte ihre Arbeit ruhig fort.

Da kam ihm eine Idee. Er griff sich einige der Setzlinge, die auf einem Haufen zusammenlagen, folgte ihr und legte hinter ihr eine eigene Reihe an. Doch er pflanzte sie falsch herum ein, so dass ihre Wurzeln in der Luft hin und her wehten. Jetzt würde sie wenigstens auf ihn aufmerksam werden, dachte er bei sich.

Als Tembe das Ende der Reihe erreichte, streckte sie ihren Rücken und drehte sich um, um mit der nächsten Reihe zu beginnen. Da sah sie plötzlich, was der Hase getan hatte. Sie drohte ihm mit der Faust und schrie: «Oh, du Dummkopf, was fällt dir eigentlich ein?»

Ein Erstaunen verbreitete sich über ihr Gesicht, als ihr klar wurde, dass sie ihre Stimme zurückbekommen hatte! Sie ließ ihre Hacke fallen und rannte schreiend und lachend los, um ihre Eltern zu finden.

«So sind die Menschen nun mal», grummelte der Hase. «Nie ein Wort des Dankes. Aber wie lange, frage ich mich, hätte Nthu mich noch umsonst mit solch köstlichen Mahlzeiten versorgt?»

Der Mantis und der Mond

Der Mantis (im Deutschen: die Gottesanbeterin), auch Kaggen genannt, ist eine der wichtigsten Figuren in der Folklore der Buschmänner. Diese Mantis-Geschichte der Kinderbuch- und Romanautorin Marguerite Poland wurde von Marna Hattingh illustriert.

Es war einmal ein Mantis, der wollte den Mond fangen. Allnächtlich, so stellte er sich vor, säße er auf ihm und durchquerte den Himmel, so dass alle Tiere sagen würden: «Da reist der Mantis auf dem Mond. Er ist bestimmt ein Gott, und wir sollten ihm huldigen.»

Dann könnte der Mantis endlich majestätisch dahinziehen und auf die große, trockene Wüste hinunterblicken, in der er lebte: auf die Kameldornbäume und die ausgetrockneten Wasserläufe und die Herden von Springböcken, die zu ihm aufschauten. Er wäre stolz, denn sie würden ihn wirklich für einen Gott halten, und jedes Tier würde ihn verehren. Doch der Mantis war nur ein Insekt, und der Mond war weit entfernt. Selbst die Nachtvögel, deren Schatten über das Gesicht des Mondes huschten, würden ihn nie erreichen, wie also konnte ein Mantis dorthin fliegen – mit seinen schwirrenden Stummelflügeln? Nun war der Mantis aber ein Träumer, und wenn er so auf einem Zweig hin und her schaukelte oder in einem gewölbten Blatt lag, dachte er immer nur an den Mond und an eine Möglichkeit, zu ihm zu gelangen.

Der Mond war schwer zu fassen, denn nie ging er zur selben Zeit auf. Der Mantis beschloss, ihn einzufangen, gleich wenn er über den Horizont lugte – dann war er groß und schwerfällig und kletterte nur mit Mühe in den Himmel hinauf. Stand er aber erst einmal hoch und weiß am Firmament, dann war er sehr weit weg und bewegte sich rasch, und oft verschwand er, ehe er den fernen Horizont erreicht hatte, wurde matt und bleich wie ein Wolkenfetzen, der im Licht der aufgehenden Sonne übrig geblieben ist.

Voll Ungeduld wartete der Mantis den ganzen Tag, bis die Schatten unter den Steinen und Büschen hervorkrochen. Unverwandt schaute er auf den Himmel,

bis das letzte Tageslicht und das Blau der Nacht sich trafen und ihn hellgrün
färbten. Und als der Mond aufging, kam er so lautlos, dass er ihn fast nicht bemerkt hätte. Da war er, gefangen in den Ästen eines Kameldornbaums.

In kurzen, hastigen Sätzen flatterte der Mantis zu dem Baum. Halb rennend,
halb fliegend jagte er den Stamm hinauf und kletterte zwischen den Dornen und
schlaff herabhängenden Laubwedeln aus winzigen ovalen Blättern hindurch. Der
Mond stand über ihm, in den obersten Zweigen verhakt. Der Mantis hatte sich
nach oben vorgekämpft und wollte gerade losspringen, da verlor er das Gleichge-
wicht, und als er wieder stand und zu einem neuen Sprung ansetzte, war der
Mond fort. Er wiegte sich in den Ästen eines Affenbrotbaums – scheinbar ganz
ruhig, als wartete er nur darauf, dass der Mantis ihn losbände.

Mit heftigem Flügelgeschwirr flatterte der Mantis zum Fuß des Affenbrotbaums, der seine mächtigen Äste bis zu den Sternen hinaufstreckte. Er mühte
sich den Stamm hinauf – eine lange Reise für ein kleines Tier. Doch als er endlich die Wiege des Baums erreicht hatte, war ihm der Mond bereits vorausgeklet-
tert und klebte nun an den Ästen hoch über ihm. Der Mantis flatterte auf den
Mond zu, fest entschlossen, ihn zu erhaschen, ehe er sich losgerissen hätte. Doch
als er oben ankam, war der nicht mehr da – immer kleiner werdend, verschwand
er rasch in weiter Ferne.

Je mehr der Mond abnahm, desto später ging er allabendlich auf. Der Mantis
war schon ganz schläfrig vom vielen Ausschauhalten und zu langsam, um ihn zu
erreichen. Manchmal ließ sich der Mond überhaupt nicht sehen, und dann wurden die Tiere der Wüste unruhig. Denn obwohl der Mond stets zurückkehrte,
um ihre Weidegründe zu erhellen – schmal und krumm und biegsam wie ein
Jagdbogen –, würde er eines Nachts vielleicht in die großen Himmelsöden unter
der Erde fallen und nie mehr wiederkehren, um über der Wüste aufzusteigen.

Der Mantis versuchte den jungen neuen Mond zu fangen, aber der war geschmeidig und flink, und selbst die Akazien vermochten ihn nicht mit ihren spitzen, weißen Dornen festzuhalten.

«Ich werde eine Falle bauen», beschloss der Mantis, und er webte ein Seil aus
trockenem Gras und band es in einer Schlinge um einen Stock. Er versteckte sich
zwischen einigen Felssteinen auf einem hohen Grat, um oberhalb des Mondes zu
sein, wenn dieser aufging – voll und orangefarben und so schwer wie eine Kalebasse voll dicker, saurer Milch. Als seine Schlinge sich gegen den Mond abhob,

zerrte der Mantis daran – bestimmt würde sich das Seil um ihn festziehen, so dass er an ihm hochkrabbeln könnte. Doch die Schlinge verknotete sich nur in sich selbst und fiel leer zu Boden. Der Mond aber stieg immer höher, und nichts konnte ihn aufhalten.

Der Mantis kroch in einen Busch, um nachzudenken, und dort grübelte er nun, braun wie die abgestorbenen Blätter in dem Gewirr ihrer Stengel. Irgendwie musste es ihm doch gelingen, den Mond zu fangen und auf ihm zu reiten. Wie sonst sollte er, so klein wie er war, ein Gott werden? Es gab keine andere Möglichkeit, von den Tieren beachtet und verehrt zu werden.

Er schnitt sich einen Pfahl, spitzte ihn zu und steckte ihn in den Gipfel des Berges. Er würde den Mond aufspießen und ihn festhalten wie eine große weiße Affenbrotbaumblüte, die an einem Dorn hängen bleibt.

Wieder versteckte sich der Mantis, als der Mond über dem Berggrat aufstieg. Er bewegte sich langsam auf den Pfahl zu.

«Oh, du dummer Mond!», schrie der Mantis. «Jetzt habe ich dich! Oh, weiser, schlauer Mantis!» Doch der Pfahl warf nur einen Schatten auf das Gesicht des Mondes, und dann war der Mond auch schon fort und stieg höher und höher in die Nacht hinein.

Der Mantis brüllte vor Wut und brach den Pfahl entzwei. Dann überlegte er sich einen anderen Plan, wie er den Mond überlisten könnte.

Er fertigte einen Djani an, ein Stück Schilfrohr mit einer Rebhuhnfeder, die er an einer kurzen, mit einem Stein beschwerten Spirale befestigte. Wenn er diesen Djani in die Luft schleuderte, würde er sich mit der Geschwindigkeit eines niedersausenden Sterns in den Boden schrauben. Bestimmt würde er sich um den Mond winden und ihn herunterholen.

Als der Mond wieder neu war – eine schmale Sichel, die er leicht einfangen konnte –, kletterte der Mantis mit seinem Djani auf den höchsten Affenbrotbaum und wartete ab. Als der aufgehende Mond auf gleicher Höhe mit seinem Versteck war, schleuderte er den Djani zu ihm hin. Er sauste wie eine Peitsche und ringelte sich über die Rundung des Mondes hinaus. Dann fiel er sanft herab, wobei die Feder wie ein kleiner, fallender Vogel flatterte. Der Mantis riss den Stein aus dem Djani und warf ihn zu Boden.

Wieder wurde der Mond voll, und der Mantis folgte ihm, um zu sehen, wohin er ging, wenn er hinter dem Horizont versank. Der Mantis eilte von Busch zu Busch, von Stein zu Stein und sah ihn über den Himmel wandern. Er kam zu einem tiefen Wasserloch im Sand, über das viele Hufe hinweggetrampelt waren – und dort, ganz unten, saß der Mond im Wasser gefangen.

Heimlich kroch der Mantis den steilen Rand hinunter, bis dorthin, wo der grobe, dunkle Sand schon ganz feucht wurde. Er hielt inne und starrte den hellen, schwebenden Mond an. Dann stürzte er sich auf ihn und hielt sich mit seinen stacheligen Beinen an ihm fest. Doch nach Luft schnappend versank er im Wasser und musste sich nass und verängstigt erst wieder zum Ufer hinaufarbeiten. Und noch immer lag der Mond da, hell und strahlend.

Wieder und wieder versuchte der Mantis, den Mond aus dem Wasserloch herauszuholen, doch jedes Mal misslang es ihm. Schließlich nahm er einen Felsstein und schleuderte ihn mit einem wütenden Fluch auf den Mond hinab.

Der Stein zertrümmerte das Spiegelbild und Tausende Mondscheinsplitter durchbohrten dem Mantis die Augen. Blind vor Schmerz rannte er davon und versteckte sich in einem Dornenbaum. Er bekam die Splitter nicht aus den Augen, und in allem, was er sah, waren grelle Strahlen von Mondlicht. Er konnte nicht schlafen, denn es gab keinen dunklen Ort, an dem er sich hätte betten können. Der Wunsch, ein Gott zu sein und auf dem Mond zu reiten, so dass die Tiere der Wüste ihm huldigen würden, war ihm gründlich vergangen – er fragte sich, wie er je darauf hatte hoffen können.

Er kletterte den Dornenbaum hinauf, bis dorthin, wo die Äste in die warme Abendluft hineinragten. Dort wartete er, bis der Mond aufging – für ihn war es nur ein riesiges, zersplittertes Licht. Er hielt seine Vorderbeine zu ihm hin, die er in betender Haltung zusammengefaltet hatte, und bettelte den Mond an, er möge ihm sein Augenlicht zurückgeben.

Langsam schwankte er auf einem Zweig hin und her, den Kopf gesenkt, ein kleines, ärmliches Insekt.

Und der Mond stieg weiter empor, höher und weißer denn je zuvor. Schließlich ließ er sich am Rand der öden Wüste nieder, und der Mantis saß noch immer in gebeugter Haltung da und betete den Mond an.

Als das Tageslicht anbrach, wurde der Mond bleich und still, und die Schatten des Dornenbaums zeichneten sich scharf im Sand ab; der rasche Flug der Vögel war deutlich zu erkennen, und der Mantis wusste, dass der Mond ihm alle Splitter aus den Augen geholt hatte.

Das alles geschah vor langer Zeit, als die großen Herden noch ungebunden von der See zu den weiten, trockenen Ebenen der Buschmänner wanderten. Doch die Kinder des Mantis leben noch immer dort, braun und grün wie die Blätter, die sich mit der Jahreszeit verfärben. Und sie sitzen da, halten ihre Vorderbeine anbetend zum Mond empor, der ihrem Vorfahren verzieh und ihm das Augenlicht zurückgab – dem kleinen Stummelflügler, der einmal ein Gott sein wollte.

Die Schlange mit den sieben Köpfen

Das Lösen eines Zauberbanns, um jemanden zu befreien oder wieder seine eigene Gestalt anzunehmen, ist ein beliebtes Motiv in afrikanischen Volksmärchen. In dieser Geschichte der Xhosa spielt die Zahl sieben eine wichtige Rolle – ebenso wie der Zahl drei werden ihr magische Kräfte zugesprochen. Die folgende Version stammt von der Kinderbuchautorin und herausragenden Märchenerzählerin Gcina Mhlophe und wurde von Natalie Hinrichsen illustriert.

Sukela ngantsomi
Chosi

Es war einmal eine Frau namens Manjuza, die hatte zwei besondere Begabungen. Sie besaß eine volle, kräftige Stimme und machte die Menschen mit ihrem Gesang glücklich. Manjuza jedoch tanzen zu sehen, war das Beste, was einem widerfahren konnte, um fröhlich zu werden. Von nah und fern kamen die Leute und baten Manjuza, bei wichtigen Festtagen doch für sie zu tanzen; ihren größten Ruf aber genoss sie als Hochzeitstänzerin. Eine Hochzeit ohne Manjuza, die zum richtigen Zeitpunkt zu tanzen begann – nämlich wenn die Braut auftrat, angetan mit ihren schönsten Kleidern, nach köstlichen Kräutern duftend und mit einem Gesicht, strahlend wie die Morgensonne –, eine solche Hochzeit verdiente überhaupt nicht diesen Namen. Tatsächlich war eine Hochzeit ohne Manjuza eine Hochzeit, die man nur allzu schnell vergaß.

Manjuza lebte in Guleni, einem kleinen Dorf, in dem einfache, hart arbeitende Menschen wohnten. Obwohl es so klein war, war es doch wohlbekannt wegen seiner tapferen Jäger. Ihr Anführer war Mthiyane, ein geachteter Mann, der nur den Mund aufmachte, wenn er etwas wirklich Wichtiges zu sagen hatte. Seit seiner Jugend war er ein guter Jäger gewesen, und viele Mütter hatten gehofft, er würde ihre Tochter heiraten. Doch als er sich für Manjuza entschied, mussten alle zugeben, dass sie ein wunderbares Paar abgaben.

Im Lauf der Jahre bekamen sie drei Kinder, zwei Jungen und ein Mädchen. Wenn Mthiyane mit seinen Jägern unterwegs war - was manchmal viele Wochen dauern konnte –, pflegte er still unter dem sternenübersäten Himmel zu sitzen und sich vorzustellen, was Manjuza wohl zu Hause mit den Kindern machte. Oh, wie sehnte er sich danach, das ruhige Atmen der Kinder zu hören, wenn sie nach dem Abendessen allmählich einschliefen, während ihre Mutter ihnen Wiegenlieder sang!

Eines Morgens war Manjuza allein im Haus. Sie braute gerade Bier, denn ihr Mann würde in zwei Tagen zurückkehren, und sie wollte, dass das Bier bis dahin fertig wäre. Während sie so arbeitete, hörte sie jemanden von draußen rufen. Eine alte Frau war gekommen, um sie zu bitten, auf der Hochzeit ihrer Enkelin zu tanzen. Doch das brachte Manjuza in eine missliche Lage: Sie hatte nämlich bereits eingewilligt, am selben Tag auf einer anderen Hochzeit zu tanzen.

Die alte Frau versuchte mit allen Mitteln, Manjuza zu überreden, die andere Hochzeitsverabredung abzusagen, doch Manjuza hatte ihr Wort gegeben und dachte gar nicht daran, sich umstimmen zu lassen. Sie schlug der alten Frau vor, den Tag der Hochzeit zu verlegen, dann könnte sie auf beiden Hochzeiten tanzen, und niemand wäre enttäuscht. Doch die alte Frau weigerte sich, den Hochzeitstag ihrer Enkelin aufzuschieben, und wurde sehr wütend. Im Weggehen drohte sie Manjuza gehässig, sie werde ihren Mann verfluchen. Auf seinem Heimweg werde Mthiyane etwas Schreckliches zustoßen und er werde sich in ein scheußliches Ungeheuer verwandeln.

Nachdem die alte Frau gegangen war, blieb Manjuza bekümmert sitzen. Das Herz tat ihr weh. Sie war eine freundliche Person, der das Tanzen immer große Freude bereitet hatte, denn sie liebte den Anblick der glücklich strahlenden Hochzeitsgäste.

An dem Abend, als Manjuza die Heimkehr ihres Mannes erwartete, waren die Kinder sehr aufgeregt. Noch lange, nachdem sie zu Abend gegessen hatten, blieben sie auf, um ihn zu erwarten. Es wurde spät. Sie warteten auf ein Klopfen an der Tür, doch es kam nicht. Sie warteten darauf, das Bellen der Hunde zu hören, die den Jägern entgegenliefen, doch alles blieb ruhig. Die Kinder fingen an zu gähnen, und eines nach dem anderen schlief ein. Ihre Mutter blieb sitzen, sie konnte keinen Schlaf finden.

Kurz vor der Morgendämmerung kehrte Mthiyane heim. Wie merkwürdig er aussah! Seine Augen schimmerten grau und blitzten hin und her – wie die einer gereizten Schlange. Er hatte eine ganz lange Zunge bekommen, die ihm weit aus dem Mund hing. Er sagte kein einziges Wort, sondern gab nur seltsame Laute von sich.

Manjuza war sprachlos vor Entsetzen. Der Mund wurde ihr trocken, als sich ihr geliebter Mann vor ihren Augen in eine Schlange mit sieben Köpfen verwandelte. Sie musste sich schnell etwas überlegen. Schon begannen die Hähne zu krähen, und im Osten färbte sich der Himmel rötlich. Sie musste die Schlange irgendwo verstecken, ehe die Kinder aufwachten.

Schnell räumte sie eine der Hütten aus, die in der Erntezeit als Vorratslager dienten. In der Hütte gab es einen großen schwarzen Topf zur Aufbewahrung von Getreide. Sie leerte ihn und ließ die Schlange hineinkriechen. An einer Seite des Deckels brach sie ein Stück heraus, so dass das Tier ein Loch zum Atmen hatte. Nachdem sie jeden der sieben Köpfe vorsichtig gefüttert hatte, schloss sie die Tür hinter sich zu.

Als die Kinder aufwachten, fragten sie nach ihrem Vater. Manjuza sagte, er sei noch nicht gekommen, werde aber in wenigen Tagen wieder zu Hause sein.

Als es Abend wurde, legte sie die Kinder schlafen und ging heimlich nach draußen, um die Schlange zu füttern. Erst nachdem sie den Lagerraum verschlossen hatte und zu Bett gegangen war, ließ sie ihrem Kummer freien Lauf und weinte sich in den Schlaf.

In dieser Nacht hatte Manjuza einen Traum. Sie sah ihre Großmutter, und die verriet ihr, was sie tun müsse, um den Bann zu lösen – nämlich auf sieben Hochzeiten tanzen. Nach ihrem siebten Hochzeitsauftritt würde ihr Mann wieder denselben Körper haben wie vor dem Bannspruch. Doch dürfe sie niemandem etwas davon erzählen, nicht einmal ihren eigenen Kindern.

Manjuzas Kinder verstanden nicht, wieso ihr Vater nicht von seinem Jagdausflug heimgekehrt war. Und ebensowenig verstanden sie, weshalb ihre Mutter jedes Mal wütend wurde, wenn sie fragten, warum sie jetzt immer eine der Hütten verschlossen halte oder warum sie so beunruhigt sei.

Doch Manjuza bewahrte ihr Geheimnis und fütterte weiterhin die Schlange. Es machte sie sehr unglücklich zu sehen, wie sehr die Kinder ihren Vater vermissten. Manchmal fragten sie sich, ob er vielleicht gestorben sei und ihre Mutter nur Angst habe, es ihnen zu sagen. Doch dann sahen sie gelegentlich, wie sie etwas Essen beiseite legte. Fragten sie sie nach dem Grund, antwortete sie, das sei für ihren Vater, falls er doch noch wiederkäme.

Wie gewöhnlich kamen Leute zu Manjuza, um sie zu bitten, auf ihren Hochzeiten zu tanzen, und jedes Mal willigte sie freudig ein. Die erste Hochzeit ging vorbei, dann die zweite und die dritte… Natürlich zählte sie jede. Sie konnte an nichts anderes denken als an Hochzeiten. Jedes Mal, wenn sie zum Tanzen ging, fütterte sie die Schlange, verschloss die Hütte und nahm den Schlüssel mit. Oft bettelten die Kinder, sie möge ihnen doch zeigen, was in dieser Hütte war, doch stets sagte sie nein. Sie überlegten sich sogar, ihr den Schlüssel zu stehlen, aber Manjuza war auf der Hut.

Immer wieder wurde Manjuza eingeladen zu tanzen, und jede Einladung brachte sie ihrer siebten Hochzeit näher. Als sie von ihrer sechsten zurückkam, war sie so glücklich, dass sie in einem fort lächeln musste. Ihr Gesicht war fröhlich, und ihre Augen strahlten wie die eines verliebten Mädchens. Sie bemerkte die verwirrten Gesichter der Kinder und dachte bei sich: «Auch sie werden bald wieder lächeln.»

Als die Einladung zur siebten Hochzeit kam, war sie vor Freude ganz außer sich. Sie sang vor sich hin und lachte laut, bis ihre Nachbarn glaubten, sie habe sich in einen anderen Mann verliebt. Als sie Manjuza fragten, wer es denn wäre, lachte sie einfach nur.

Am Morgen der siebten Hochzeit wachte Manjuza früh auf. Nachdem sie den Kindern Frühstück gemacht hatte, kleidete sie sich mit besonderer Sorgfalt. Sie wollte so schön wie möglich aussehen. Inzwischen überlegten sich die Kinder wieder einmal, wie sie ihr den Schlüssel stehlen könnten. Sie versuchten es mit so vielen Tricks, an die Schlüssel zu kommen, dass Manjuza richtig wütend war, als sie wegging. Die Angelegenheit lag ihr freilich viel zu sehr am Herzen, als dass sie sich eine Unachtsamkeit erlaubt hätte, und so nahm sie den Schlüssel einfach mit.

Vor lauter Enttäuschung verzehrten die Kinder ihr Frühstück nur missmutig. Dann gingen sie zum Spielen nach draußen. Als sie am Nachmittag herumtollten und Fangen spielten, standen sie unversehens vor der Hütte, die sie nicht betreten durften. Der älteste Junge machte sich an der Tür zu schaffen, an der sie schon so oft vergeblich gerüttelt hatten. Sie war offen. Manjuza hatte zwar den Schlüssel eingesteckt, aber vergessen, die Tür abzuschließen!

Vorsichtig betraten die Kinder die Hütte und schauten sich um. Da war nichts außer einem großen dreifüßigen Topf mit einem Deckel, der an einer Stelle zerbrochen war. Sie sahen sich fragend an: Es war ihnen unverständlich, wieso ihre Mutter einen Topf vor ihnen versteckt hatte. Der Älteste hob den schweren Deckel an, um zu sehen, was drinnen wäre. Da starrte ihn die riesige Schlange mit den sieben Köpfe an. Schreiend vor Entsetzen rannten die Kinder hinaus.

Manjuzas Haus lag nicht weit vom Fluss entfernt, und die seltsame Schlange wand sich aus dem Topf heraus und glitt hinunter zum Flussufer. Dort lag sie in der Nachmittagssonne und betrachtete ihr Spiegelbild im Wasser.

Manjuzas Kinder rannten schnurstracks zu ihren Freunden, um ihnen von der seltsamen Schlange zu erzählen. Eine Schar von Jungen und Mädchen zog sofort los, um sie zu finden. Als sie zu der Stelle kamen, wo die Schlange lag, blieben sie mit offenem Mund stehen. Auch die sieben Köpfe schauten sie mit großem Interesse an. Einer der Köpfe sagte:

«Wo gigigi, da stehen sie.»

«Was wollen sie?», fragte der zweite Kopf.

«Sie starren uns an», bemerkte der dritte.

«Ich glaube, sie wollen unsere Köpfe sehen», sagte der vierte.

«Warum kommen sie nicht näher?», fragte der fünfte.

«Ich denke, sie haben Angst, gebissen zu werden», sagte der sechste.

«Und da, wo sie stehen, können sie da nicht gebissen werden?», fragte der siebte.

Die Kinder machten kehrt und rannten weg, so schnell sie ihre Füße trugen. Sie liefen nach Hause und erzählten ihren Eltern von der Schlange mit den sieben Köpfen. Die Männer nahmen ihre Stöcke und gingen zum Fluss. Als sie dort ankamen, blieben sie wie vom Zauber gebannt stehen. Es fiel ihnen schon schwer genug, sich eine Schlange mit mehr als einem Kopf vorzustellen, aber als die dann auch noch zu sprechen anfing, verschlug es ihnen völlig die Sprache.

Natürlich wollten sie nicht zugeben, dass sie Angst hatten – das hätte sie vor ihren Frauen und Kindern nur blamiert. Einige Männer meinten, es sei nicht rechtens, die Schlange zu töten. Sie sagten: «Vielleicht wollen unsere Ahnen uns etwas mitteilen. Wir sollten wohl besser nach Hause gehen und die Angelegenheit in einer Dorfversammlung erörtern.»

Die Frauen begriffen sofort, dass die Männer nur Ausflüchte machten, um ihre Angst zu verbergen. Die Schlange musste noch vor Sonnenuntergang tot sein, fanden sie, denn sie sorgten sich um die Sicherheit ihrer Kinder.

Die Männer sagten: «Auch wir sorgen uns um unsere Kinder, aber die Schlange da unten am Fluss ist keine normale Schlange!»

Aber davon ließen die Frauen sich nicht beeindrucken. Sie taten sich zusammen und kochten ganze Töpfe voll Brei. In einer langen Reihe zogen Mütter, die Brei auf den Köpfen trugen, zum Fluss hinunter. Diesmal wurde die Schlange wütend und sprach sehr schnell.

«Wo gigigi, da kommen jetzt die Frauen!»

«Was wollen sie?»

«Sie kommen auf uns zu …»

«Diese Töpfe …»

Noch ehe die wütenden Köpfe weiterreden konnten, stürzten die Frauen vor und kippten den heißen Brei auf die Schlange. Dicke Brandblasen platzten auf ihrer Haut auf, und sie stöhnte in Todesqualen. Die meisten Dorfbewohner kamen herbeigeeilt, um beim Töten der Schlange mitzumachen. Sie stimmten ein Lied an und freuten sich darüber, dass sie die Schlange mit vielen Händen getötet hatten:

Siyibulel' inyok' enamakhandha-khanda,
Thina siyibulele,
Wo gi, agigigi,
Inyok' enamakhandha-khanda …

Manjuza war auf dem Heimweg von der siebten Hochzeit, als sie die Frauen das neue Lied singen hörte. Entsetzen packte sie. Die Dorfbewohner hatten ihren Mann getötet! Sie spürte, wie ihr die Tränen in die Augen traten.

Was sollte sie tun? Obwohl der Gedanke ihr Angst machte, beschloss sie, zu den anderen zu gehen und in den Gesang mit einzustimmen und zu tanzen, bis sie sich überlegt hätte, was sie als nächstes tun würde. Es begann schon zu dunkeln, und die Leute würden ihr verweintes Gesicht nicht sehen.

Doch als sie näher kam und den Leuten über die Schultern blickte, sah sie, wie sich aus der von Blasen verquollenen grünen Haut der toten Schlange langsam ihr geliebter Mann erhob. Sein Gesicht war zerknittert, und er hatte die Augen halb geschlossen, als hätte er lange, lange geschlafen.

Der Gesang verstummte. Alle waren sprachlos angesichts der unerklärlichen Rückkehr von Manjuzas Mann.

Mthiyane blickte wie benommen auf die Dorfbewohner und bewegte sich langsam auf die Menge zu, um nach seiner Frau zu suchen.

Manjuza glaubte ihren Augen nicht zu trauen. Sie rannte vor und warf sich ihrem Mann an den Hals. Vor Erleichterung weinte und lachte sie zugleich.

Mthiyane hielt seine Frau fest in den Armen. Er begriff nicht, was um ihn herum passierte. Dann kamen ihre Kinder vorgelaufen, und die Familie war wieder vereint. Die Sonne war untergegangen, und mit dem Ende des Tages war auch das Ende des Zauberbanns gekommen.

Manjuza begann zu singen und zu tanzen, schöner, als sie je gesungen und getanzt hatte, und das ganze Dorf freute sich mit ihr.

Phela phela ngantsomi.

Die Rache des Hasen

In zahllosen afrikanischen Volksmärchen verkörpert der Hase — ebenso wie die Schildkröte — das Prinzip, dass der Schwache sich durch Schlauheit behaupten muss. In diesem Märchen aus Sambia, nacherzählt von Phyllis Savory und illustriert von Marna Hattingh, gelingt es dem Hasen einmal mehr, ein sehr viel größeres Tier zu überlisten. Zudem spielt er in dieser Geschichte eine Rolle, die traditionell dem Honigdachs vorbehalten ist.

Eines Tages im beginnenden Frühling machte sich der Büffel auf den Weg zu seinem Herrn, dem Löwen, um ihm seinen jährlichen Besuch abzustatten, wie es das Gesetz von ihm verlangte. Unterwegs begegnete er dem Hasen, der die Straße entlangbummelte.

«Hase», sagte der Büffel, «ich möchte, dass du mit mir kommst, König Löwe zu besuchen.»

«Nein, Büffel», antwortete der Hase, «ich traue Löwe nicht über den Weg. Er ist ein großer, grimmiger Geselle, und ich habe Angst, er könnte mich fressen. Nein, ich kann nicht mit dir gehen.»

«Aber Hase», entgegnete der Büffel, «König Löwe ist ein sehr enger Freund von mir, und er hört auf mich. Ich verspreche dir, er wird dir nichts zuleide tun.»

«Warum willst du denn, dass ich dich begleite, Büffel?»

«Ich möchte, dass du, Hase, mir meine Schlafmatte trägst. Es schickt sich nicht, dass ein so bedeutendes Tier wie ich seine eigene Matte trägt. Ich werde dich auch gut entlohnen.»

«Also gut, Büffel, ich komme mit. Gib mir deine Schlafmatte, und ich werde sie tragen.»

Der Büffel packte dem Hasen seine Matte auf die Schulter, und so zogen sie zum Dorf des Löwen. Die Sonne schien sehr heiß, und der Hase wurde schon bald müde, denn die Schlafmatte drückte ihn schwer. «Bitte, guter Freund, hilf mir mit dieser Last», sagte er. «Ich bin nur klein, und deine Matte ist sehr schwer.»

«Hör auf zu murren, Hase, du fauler Geselle!», brüllte der Büffel so laut, dass der Hase vor Schreck nichts mehr zu sagen wagte. Schweigend stapfte er dem Büffel hinterdrein.

Zur Mittagszeit legte sich der Büffel im Schatten eines Baumes nieder, um zu ruhen, und der Hase setzte seine Last dankbar ab, denn die Sonne stach furchtbar. Während sie ruhten, kam ein Honigsauger des Wegs geflogen und forderte sie auf, einen nahe gelegenen Bienenstock zu plündern.

Der Hase aber liebte Honig über alle Maßen. Deshalb folgte er – trotz seiner schmerzenden Beine – dem Vogel zum Bienenstock, der sich in einem Erdloch befand. Er öffnete das Loch und aß so viel Honig, wie er sich in den Mund stopfen konnte. Dann kehrte er zurück, um unter dem schattigen Baum weiter zu ruhen. Doch gerade in diesem Augenblick wachte der Büffel auf und packte dem Hasen sofort wieder die schwere Schlafmatte auf die Schultern. Sie müssten sich beeilen, sagte er, ansonsten würden sie das Dorf des Löwen nicht mehr vor Einbruch der Dunkelheit erreichen. Als sie aufbrachen, kam dem Hasen eine Idee, und er machte kehrt, um noch einmal zum Bienenstock zurückzugehen.

«Wo gehst du hin?», rief der Büffel.

«Ach», antwortete der Hase, «ich will nur diese kleine Kalebasse mit Honig füllen, damit wir etwas zum Essen haben, um unterwegs wieder zu Kräften zu kommen. Geh du nur weiter, mein Freund, ich komm dir später nach.»

Der Büffel setzte also seinen Weg fort.

Der Hase aber, der zunehmend unter der Behandlung des Büffels litt, hatte einen Plan ausgeheckt, um ihn zu bestrafen. Er füllte seine kleine Kalebasse mit Honig und rollte die Schlafmatte aus. Nachdem er viele Bienen eingefangen hatte, verteilte er sie auf der Matte, die er anschließend wieder zusammenrollte. Dann eilte er dem Büffel hinterher, und gemeinsam setzten sie ihre Reise fort.

Als sie das Dorf des Löwen erreichten, hatte der Hase ganz wunde und zerquetschte Schultern, aber er sagte nichts. Der Löwe empfing sie freundlich. Nach einem guten Mahl führte er sie in eine Hütte, in der sie die Nacht verbringen sollten. Der Hase gab indes zu verstehen, er wolle wegen der Hitze lieber draußen auf dem Gras schlafen.

«Also schön», sagte der Büffel, «ganz wie du wünschst. Ich hingegen werde es mir zum Schlafen hier in der Hütte behaglich machen. Vergiss nicht, die Tür richtig zu schließen, wenn du gehst.»

Der Hase konnte kaum sein Kichern unterdrücken, als er die Tür so fest zumachte, dass es mehr als die Kraft eines Büffels bedurfte, um sie aufzubrechen. Dann versteckte er sich hinter einem Baum, um zu sehen, was weiter passieren würde.

Schon kurze Zeit später hörte er zu seiner Freude, dass ein schreckliches Gebrüll aus der Hütte drang. «Die Bienen, die Bienen!», schrie der Büffel. An der Tür war ein heftiges Dröhnen zu vernehmen. «Lass mich raus, lass mich raus! Oh, die Bienen!»

Denn kaum hatte der Büffel seine Schlafmatte ausgerollt, waren die wütenden Bienen über ihn hergefallen und stachen ihn überall an Kopf und Leib.

Schließlich hörte auch der Löwe die Schreie. Als er die Türe aufbrach, um seinen Freund zu retten, stürzte der Büffel hinaus, verfolgt von einem schwirrenden Bienenschwarm. Auch der Löwe wurde von ihnen angegriffen, als die beiden in den Schutz der Nacht rasten.

«Was ist passiert, mein Freund?», fragte der Löwe, als es ihnen endlich gelungen war, sich vor der Wut der Bienen in Sicherheit zu bringen.

«Das war die Schuld des Hasen», wimmerte der Büffel. «Diese bösartige Kreatur hat die Bienen in meine Schlafmatte eingerollt. Das soll er mir büßen, der Halunke! Wo ist er?»

Doch da war der Hase schon weit über Berg und Tal, und fortan achtete er sehr sorgsam darauf, immer einen großen Bogen um den Büffel zu machen!

*D*ie Wolfskönigin

Diese ungewöhnliche Geschichte malaiisch-indischer Herkunft erzählen sich die Kapmalaien*. Aufgezeichnet wurde sie von Dr. I. D. du Plessis, der viele Jahre seines Lebens damit verbrachte, dieses einmalige Kulturerbe zu bewahren. Die Illustration stammt von Natalie Hinrichsen.

Ein alter Sultan, der schon viele Jahre lang über sein Land herrschte, musste eines Tages durch einen Wald reiten. Es war ein schöner Sommertag, und die Vögel sangen in jedem Baum, doch der Sultan hörte sie nicht. Seine Gedanken weilten bei seiner Frau, die ein paar Monate zuvor gestorben war und die er noch immer betrauerte. Sein Volk wünschte sich eine neue Sultanin, aber keine der Hofdamen sagte ihm zu.

Es war heiß, und der Sultan hatte Durst. Als er zur Hütte eines Holzfällers kam, hieß er einen seiner Begleiter anklopfen und um Wasser bitten.

Ein schönes Mädchen öffnete die Tür. Sie war so schön, dass der Soldat, der an die Tür gepocht hatte, seinen Augen nicht trauen mochte. Er vergaß vollkommen, weshalb er eigentlich gekommen war.

Ungeduldig ließ der Sultan ihn herbeiholen. «Was trödelst du da herum? Haben die Leute kein Wasser für uns?»

«Vergebt mir, Herr», sagte der Soldat. «Ich wollte wirklich fragen, doch das Mädchen, das die Tür öffnete, ist so schön, dass es mir die Sprache verschlug.»

Der Sultan ging selbst schauen, und tatsächlich: Nie zuvor hatte er ein so schönes Geschöpf gesehen. Er trank ein wenig Wasser, bedankte sich höflich und ging fort.

Doch das Gesicht des Mädchens konnte er nicht vergessen.

Am nächsten Tag kam er wieder, um um Wasser zu bitten, und am dritten Tag noch einmal.

* Muslime, die als Sklaven, Handwerker oder politische Emigranten vom Malaiischen Archipel und aus Indien ans Kap der Guten Hoffnung kamen

Da bekam das Mädchen es mit der Angst zu tun, denn sie merkte, dass der Sultan sich in sie verliebt hatte und sie zu seiner Sultanin machen wollte.

Nun möchte man meinen, dass jedes Mädchen nur allzu glücklich wäre, eine Sultanin zu werden, doch die einfache Holzfällerstochter war bereits in Liebe entflammt: Ihr Herz gehörte dem schmucken jungen Wesir*, und sie wollte keinen anderen Freier als ihn.

Nach seinem dritten Besuch blieb der Sultan einige Tage fort. Das Mädchen war froh darüber, meinte sie doch, er habe beschlossen, sich eine andere Frau zu suchen. Schon wurde ihr leichter ums Herz, da kam eines Tages der Sultan auf einem Rappen angeritten. Das Pferd hatte eine blutrote Satteldecke und Kupferglöckchen, die beim Trab klingelten.

«Amina», sagte er, «ich möchte dich zu meiner Sultanin machen. Willst du meine Frau werden?»

Sie jedoch ersann sogleich eine List, die ihr einen Aufschub gewährte. «Ich habe nichts Schönes anzuziehen. Erst musst du mir ein Silberkleid bringen.»

«Gut», sagte der Sultan.

Dann lief sie zum Haus des Wesirs, um ihn um Rat zu fragen, aber er war nicht da.

Am nächsten Tag kam der Sultan auf einem Schimmel angeritten. Das Pferd hatte eine silberne Satteldecke und Silberglöckchen, die beim Trab klingelten.

«Hier ist das Kleid», sagte er.

Doch Amina würdigte das Silberkleid kaum eines Blicks. «Nein, das genügt nicht. Erst musst du mir ein Goldkleid bringen.»

«Gut», sagte der Sultan.

Dann lief sie zum Haus des Wesirs, um ihn um Rat zu fragen, aber er war nicht da.

Am nächsten Tag kam der Sultan auf einem Braunen angeritten. Das Pferd hatte eine goldene Satteldecke und Goldglöckchen, die beim Trab klingelten.

«Hier ist das Kleid», sagte er.

---

* Hoher Beamter in manchen islamischen Ländern, z. B. Provinzgouverneur oder leitender Minister eines Sultans

Doch Amina würdigte das Goldkleid kaum eines Blickes. «Nein, das genügt nicht. Erst musst du mir ein Kleid aus Diamanten bringen.»

Jetzt wurde der Sultan allmählich ungeduldig, aber Amina lächelte so bezaubernd, dass er versprach, ihr auch diese Bitte zu erfüllen.

Als er fort war, lief sie wiederum zum Haus des Wesirs. Diesmal war er da, und Amina erzählte ihm alles und fragte ihn um Rat.

«Es gibt ein Mittel», sagte der Wesir, nachdem sie geendet hatte. «Nimm diesen Zauberring und trage ihn stets am Mittelfinger deiner linken Hand. Nimm auch dieses Wolfsfell. Wenn der Sultan morgen kommt, um dich in seinen Palast mitzunehmen, dann geh in dein Schlafgemach, zieh dir das Fell über die Schultern, reibe an diesem Ring und
sing dazu die Worte:

Nasoedindi
Ja terima batoeng.
Bira, bira,
Nokiaoela,
Bira, bira,
Nokiaoela.

Am nächsten Nachmittag kam der Sultan auf einem Apfelschimmel angeritten. Das Pferd hatte eine mit Diamanten übersäte Satteldecke und Kristallglöckchen, die beim Trab klingelten.

«Hier ist das Kleid», sagte er.

Diesmal bewunderte Amina das Kleid und bat den Sultan in ihre Hütte. «Warte hier», sagte sie, «ich will mich nur umziehen.»

Doch anstatt das Kleid anzulegen, zog sie sich das Wolfsfell über die Schultern, rieb an dem Ring und sang die Worte, die der Wesir sie gelehrt hatte.

Der Sultan wartete lange, aber als Amina auch nach einer halben Stunde noch nicht wieder aufgetaucht war, klopfte er an der Tür ihres Schlafgemachs. Als keine Antwort kam, öffnete er die Tür.

Auf dem Bett lag ein Wolf. Er hatte den Kopf auf die Pfoten gelegt, und mit seinen funkelnden Augen verfolgte er jede Bewegung des Sultans.

Als der Sultan zum Schwert griff, sprang der Wolf aus dem Fenster.

Von Amina gab es keine Spur.

Schweren Herzens kehrte der Sultan in den Palast zurück, denn nun wusste er, dass er Amina nie als Braut würde heimführen können.

Doch so einfach sollte Amina nicht davonkommen. Als sie an dem Ring rieb, um wieder menschliche Gestalt anzunehmen, hatte sie die Worte des Lieds vergessen. Ziellos und ängstlich streifte sie im Wolfsfell umher, bis ihr eine Gruppe von Jägern über den Weg lief.

«Seht mal, ein zahmer Wolf», sagte einer der Jäger, als Amina, starr vor Angst, reglos vor ihnen stehen blieb.

Sie fingen sie ein und steckten sie in einen Käfig auf dem Anwesen des Wesirs. Doch der lag krank im Bett und bekam von der ganzen Angelegenheit nichts mit.

An diesem Nachmittag, kurz vor Sonnenuntergang, brachten zwei der Jäger dem Wolf etwas Wasser und ein Stück Fleisch, doch der wollte nichts anrühren.

«Er wird uns verhungern», sagte der eine.

«Schon möglich, aber das ist dann nicht unsere Schuld», sagte der andere. «Zu fressen hat er ja in Hülle und Fülle. Gehst du heute Abend auch zum Tanz im Haus des Bruders des Wesirs?»

«Ja.»

Als Amina dies hörte, ergriff sie ein glühendes Verlangen, dem Fest beizuwohnen. Angestrengt dachte sie nach, aber erst als die Sonne unterging, fielen ihr die Worte des Lieds plötzlich wieder ein. Sie rieb an dem Ring, und als sie in ihre menschliche Gestalt zurückgekehrt war, lief sie zum Haus ihres Vaters im Wald und zog sich das Silberkleid an.

An diesem Abend war sie die schönste Frau im ganzen Saal. Jedermann sprach über die unbekannte Sultanstochter, aber niemand wusste zu sagen, woher sie gekommen war.

Amina tanzte mit dem Bruder des Wesirs, doch den, den sie liebte, konnte sie nirgends entdecken.

«Wo ist denn dein Bruder?», fragte sie schließlich.

«Mein Bruder ist krank, aber morgen Abend wird er bestimmt hier sein», antwortete er.

Dann huschte Amina aus dem Saal, ging nach Hause und vertauschte das Silberkleid gegen das Wolfsfell, rieb an dem Ring und sang das Lied. Danach kehrte sie in den Wolfskäfig zurück.

Als die Sonne aufging, hatte sie das Lied wieder vergessen.

Am folgenden Abend kamen noch mehr Gäste, das Essen war noch köstlicher und die Musik noch ausgelassener. Unter all den zauberhaften Frauen war die junge Poeteri* in ihrem goldenen Kleid die schönste. Doch der Wesir war auch diesmal nicht unter den Gästen.

Als die Jäger am nächsten Morgen zum Käfig kamen, saß der Wolf wie immer in einer Ecke.

Am Abend dieses Tages erreichte das Tanzfest seinen Höhepunkt. Alle Gäste trugen ihre besten Kleider, die Lichter funkelten wie nie zuvor, zwei Kapellen spielten abwechselnd auf, und die Gäste tanzten ohne Unterlass.

Die Schönste von allen aber war die Poeteri in ihrem mit Diamanten besetzten Kleid.

Doch der Wesir war nicht da. Im Morgengrauen ging Amina nach Hause, um das Diamantenkleid gegen das Wolfsfell zu vertauschen, und kroch in den Käfig zurück.

An diesem Tag konnte der Wesir das Bett verlassen, und als er durch den Garten wandelte, kam er auch an dem Käfig vorbei.

«Was ist denn das?», fragte er einen der Jäger, der vor dem Käfig stand.

Der Jäger erzählte ihm, wie sie den Wolf gefangen hatten.

Da kam der Bruder des Wesirs und erzählte diesem von der schönen Poeteri, die beim Tanz gewesen war.

«Könnte es die Holzfällerstochter gewesen sein?», fragte sich der Wesir und stellte sich vor den Käfig hin. «Amina!», rief er.

Der Wolf lief hin und her, konnte aber kein Wort sagen, denn es war noch früh am Nachmittag, und Amina würde sich erst nach Sonnenuntergang wieder an die Worte des Lieds erinnern.

Doch der Wesir wusste, dass es Amina war. Er öffnete die Käfigtür, packte den Wolf an der Kehle und befahl seinen Wachen, ihn umgehend zu töten.

Da stand Amina vor ihm, schöner denn je zuvor. Der Wesir umarmte sie und nahm sie mit nach Hause. Später wurde der Wesir ein Sultan; seine Frau aber nannte er stets «die Wolfskönigin».

* Frau von hoher Abstammung oder königlichem Blut

Van Hunks und der Teufel
Es gibt verschiedene Versionen
des sehr bekannten Märchens über die weiße Tischdecke des Tafelbergs.
Diese hier stammt aus den frühen Jahren, als das Kap der Stürme
[Kap der Guten Hoffnung] noch umschifft werden musste
und die Siedlung am Kap eine holländische Kolonie war.
Die Nacherzählung stammt von Annari van der Merwe,
die Illustration von Diek Grobler.

In den alten Tagen, als sich nur wenige Häuser im Schatten des Tafelbergs zusammendrängten, ging einmal ein großes Segelschiff in der Tafelbucht vor Anker. Schon bald wimmelte es am Kai von Menschen: Fischverkäufer, Obsthändler, Bauern und wohlhabende Bürger in ihren besten Kleidern; sogar der Mann, der in der Festung das Signalhorn spielte, war da. Alle waren sie neugierig, denn wenn ein großes Schiff einlief, dann sorgte das jedes Mal für Aufsehen und neuen Gesprächsstoff.

Kaum war das Fallreep heruntergelassen, kamen die Passagiere vom Schiff geströmt. Sie taumelten und wankten ein wenig, denn nach all den Wochen auf hoher See waren sie nicht mehr an festen Boden gewöhnt. Enttäuscht darüber, dass es diesmal nichts wirklich Interessantes an Bord gab, wollten sich die Schaulustigen im Hafen schon wieder auf den Heimweg machen, als ein großer Mann mit breiter, muskulöser Brust an Deck erschien. Ein Murmeln ging durch die Menge. «Oh, das ist Van Hunks!», rief jemand.

«Ja, aber schau ihn dir nur an!», sagte ein anderer. «Als wir ihn das letzte Mal sahen, war er nur ein ganz einfacher Matrose. Und jetzt? Schau dir nur die teuren Kleider an, die er trägt! Dies schöne Wams aus Atlas! Wer hätte das gedacht?»

Van Hunks trat zur Seite, während die Träger sein Gepäck auf den Kai schleppten: drei gewaltige Koffer und eine kleine Holzkiste, die er ständig in Reichweite hatte. Keinen Moment lang ließ er diese Kiste aus den Augen. Der kräftige Seemann drückte sich den Hut fest in die Stirn und schritt durch die gaffende Menge, ohne nach rechts oder links zu schauen.

«An den Gerüchten muss etwas dran sein», sagte jemand in der Menge. «Er ist Pirat geworden. Was sollte denn sonst in der Kiste sein, wenn nicht erbeutete Schätze?»

Mit den Trägern im Schlepptau verschwand Van Hunks in der Menge auf der Promenade. Doch ohne sich weiter aufzuhalten, eilte er raschen Schrittes schnurstracks zum Windberg weiter. Eines der Häuser, die sich an den Hang dieses Berges schmiegten, gehörte ihm.

Von jenem Tag an zeigte sich Van Hanks nur selten in den Straßen von Kapstadt – und nie wieder wurde er in der Nähe des Hafens gesehen. Die Leute sagten, er habe Angst, dass eines Tages jemand auf einem Schiff eintreffen könnte, den er draußen auf der blauen weiten See ausgeraubt hatte. Wieder andere behaupteten, er fürchte, seine alten Zechkumpane würden versuchen, sich Geld von ihm zu leihen oder ihn wieder in die schmuddeligen Tavernen zu locken, in denen er einst verkehrt hatte.

In Wirklichkeit stieg Van Hunks tagtäglich auf den Windberg hinauf, denn von dort oben hatte er einen hervorragenden Blick auf die Bucht und den Hafen. Stundenlang stand er mit seinem Messingfernrohr da und starrte in die Weite. Dann legte er das Fernrohr weg, nahm sich seine Tabakspfeife mit dem großen Kopf und dem geschwungenen Stiel und blies gemächlich weiße Rauchschwaden in die Luft.

Die Zeit verging und allmählich vergaßen die Leute den Seemann, der an Land zurückgekehrt war. Eines Tages saß Van Hunks wie üblich hoch oben auf dem Windberg und vertrieb sich die Zeit mit seinem Fernrohr und seiner Pfeife. Plötzlich merkte er, dass jemand hinter ihm stand. Wie ein Wirbelwind fuhr Van Hunks herum. Da sah er einen Mann mit schwarzem Spitzhut und kleinem schwarzem Kinnbart stehen. Er kam ihm irgendwie bekannt vor – vielleicht war es einer seiner Zechgenossen aus jenen fernen Tagen, als er noch viel in den Hafenkneipen herumzusitzen pflegte. Ein Schreck fuhr Van Hunks durch die Glieder.

Doch als der Mann ihm ein überaus höfliches «Guten Tag, Mijnheer Van Hunks» entbot, beruhigte er sich wieder und begann zu plaudern. Er fragte den Fremden nicht einmal nach seinem Namen. Es war so lange her, dass Van Hunks jemanden zum Unterhalten gehabt hatte, dass er gar nicht mehr aufhören konnte zu reden. Der Fremde stand da und hörte ihm mit zusammengekniffenen Augen zu. Als die Dämmerung hereinbrach, wünschte er ihm eine gute Nacht und verschwand in der Dunkelheit, ohne dass Van Hunks bemerkt hätte, in welche Richtung er gegangen war.

Ein paar Tage später war Van Hunks wieder oben auf dem Windberg, als der Mann mit dem schwarzen Spitzhut und dem schwarzen Bärtchen unversehens hinter seinem Rücken sagte: «Und wie geht es Ihnen heute, Mijnheer Van Hunks?»

«Danke, sehr gut», entgegnete Van Hunks, und wieder begann er pausenlos zu reden, doch diesmal verlegte er sich aufs Prahlen – wie viele Meere er durchfahren, wie viele Schätze er erworben und wie viele Fässer Rum er mit nach Hause gebracht hätte.

Der Fremde lauschte aufmerksam. Er sagte kein einziges Wort; nur gelegentlich nickte er mit dem Kopf, und in der Abenddämmerung verschwand er wieder ebenso lautlos, wie er gekommen war.

Es war ein besonders heißer Tag, als Van Hunks das nächste Mal wieder oben auf dem Windberg saß. Er war so träge, dass er nicht einmal durch sein Fernrohr schaute, sondern einfach nur rauchte. «Mijnheer Van Hunks», sagte die inzwischen vertraute Stimme des Fremden plötzlich neben ihm, «darf ich eine Pfeife mit Ihnen rauchen?»

Van Hunks runzelte die Stirn ob dieser Frage, denn eigentlich rauchte er lieber allein. Er hatte einen besonderen Pfeifentabak, der ungewöhnlich stark und berauschend war, und am ganzen Kap konnte er die besten Rauchkringel blasen.

«Wenn Sie wollen», sagte er widerstrebend.

Der Fremde stopfte seine Pfeife – eine überaus hübsche, schlanke Pfeife aus weißem Ton – und steckte sie sich an. Das Aroma des Tabaks war erstaunlich angenehm. Doch schon bald bemerkte Van Hunks, dass der Fremde von einer Rauchwolke eingehüllt wurde, die sehr viel größer war als die, die aus seiner Pfeife kam, und deshalb begann er tiefer zu inhalieren und den Rauch kräftiger auszustoßen.

Der Fremde tat es ihm gleich.

Van Hunks ließ die Brust anschwellen, immer und immer mehr. Dann begann er wie ein Besessener seine Pfeife zu stopfen; glücklicherweise hatte er ausgerechnet an diesem Morgen seinen größten Tabaksbeutel eingepackt.

Der Fremde folgte seinem Beispiel, allerdings konnte Van Hunks nicht erkennen, woher er seinen Tabak nahm. Er wusste nur, dass sie – Pfeife um Pfeife – miteinander um die Wette rauchten, und die große weiße Wolke, die sie einhüllte, wurde dicker und dicker.

«Tauschen wir die Pfeifen», schlug Van Hunks schließlich vor.

Der Fremde hielt inne, seine Augen wurden schmäler. «Einverstanden», sagte er nach einer Weile und hielt Van Hunks seine weiße Tonpfeife hin.

Van Hunks stopfte den großen Kopf seiner eigenen Pfeife bis an den Rand, ehe er sie seinem Rivalen gab.

Er zündete sich die Pfeife des Fremden an und inhalierte tief. Doch nichts geschah – er konnte der Pfeife nicht den geringsten Rauch entlocken. Wütend fuhr er den Fremden an: «Das ist Betrug!»

Doch der Fremde war unfähig, auch nur einen Ton herauszubringen. Er hatte zu stark an Van Hunks' Pfeife gezogen. Er wurde ganz bleich im Gesicht, dann grün.

«Was ist los?», fragte Van Hunks und strich sich nervös über sein Wams.

Aber der Mann vermochte kein Wort zu sagen. Sein Gesicht war jetzt purpurrot angelaufen, und seine kleinen, schmalen Augen waren groß und rund geworden. Er wollte husten, aber er brachte nicht einmal einen Schluckauf zustande.

«Warten Sie – ich helfe Ihnen», sagte Van Hunks und versetzte ihm einen kräftigen Schlag auf den Rücken.

Doch das Einzige, was der Schlag bewirkte, war, dass dem Mann sein schwarzer Spitzhut vom Kopf flog. Van Hunks gerann das Blut in den Adern. Aus der dichten, schwarzen Mähne ragten dem Fremden zwei kleine spitze Hörner hervor!

«Du Teufel!», schrie Van Hunks. «Du Satanskerl! Nimm deine Pfeife zurück. Dich werde ich was lehren!»

Der Teufel nahm seine weiße Tonpfeife zurück, Van Hunks seine geschwungene Pfeife mit dem großen Kopf. Und dann legten sie erst richtig los! Van Hunks blieb es noch immer unerklärlich, woher der Rauch aus der Teufelspfeife kam, aber bald war der ganze Windberg in Schwaden eingehüllt. Nach und nach breitete sich der Rauch aus und bedeckte auch den Tafelberg, doch weder Van Hunks noch der Teufel wollten sich geschlagen geben. Tag für Tag saßen sie da und rauchten oben auf dem Berg, hoch über der Stadt.

Jahr um Jahr zog sich der Wettstreit hin. Im Volksmund hieß der Windberg bald nur noch Teufelsspitze. Aus den wenigen Häusern an seinem Hang wurde im Laufe der Zeit eine kleine Stadt. Die einzige Verschnaufpause, die sich die beiden Rivalen gönnten, war im Winter, wenn es zu kalt war, um dort oben zu sitzen. Dann kehrte der Teufel in sein Zuhause zurück, wo es so heiß war, dass ein Teufel seine rechte Freude daran hatte. Doch niemand wusste zu sagen, wo Van Hunks überwinterte, denn seit jenem ersten warmen Sommertag – damals, als das Kap noch holländisch war – hatte ihn nie wieder jemand näher zu Gesicht bekommen.

Doch wenn die weißen Wolken an einem windigen Tag von der Teufelsspitze aus niederwandern und sich über den Tafelberg legen, dann schauen die Menschen auch heute noch zum Berg hinauf und sagen zueinander: «Ah ja, jetzt schmauchen Van Hunks und der Teufel sich wieder einen Sturm zusammen.»

Wolf und Schakal und das Butterfass

Wolf und Schakal und das Butterfass Ursprünglich gehen die südafrikanischen Geschichten von *Wolf und Schakal* auf die alten flämischen Tierfabeln über *Reinhart den Fuchs* zurück, doch haben sie sich im Laufe der Jahrhunderte so sehr den Bedingungen Südafrikas angepasst, dass sie inzwischen als integraler Bestandteil der einheimischen Folklore gelten. Diese Nacherzählung von Pieter W. Grobbelaar wurde von Nicolaas Maritz illustriert.

Wolf und Schakal liefen die Straße hinunter. Es war eine lange Straße, und sie waren schon lange unterwegs gewesen, als sie einem schwer beladenen Fuhrwerk begegneten. Es ächzte unter der Last einer gewaltigen Ladung von Fässern. «Also, solche Fässer habe ich schon mal gesehen», sagte Schakal nachdenklich. «Diese Fässer sind voller Butter.»

«Hmmm, Butter», meinte Wolf träumerisch, und das Wasser lief ihm im Mund zusammen. «Ich würde zu gerne eins dieser Fässer in die Pfoten bekommen.»

«Nun, nichts leichter als das, teurer Freund», sagte Schakal. «Pass auf, wir machen das so: Du legst dich mitten auf die Straße und rührst dich nicht, gerade so, als wärst du tot. Wenn der Bauer dich dann auf den Wagen lädt und weiterfährt, rollst du heimlich eins der Fässer vom Wagen hinunter. Ich verstecke mich derweil im hohen Gras neben der Straße und passe auf.»

«Gute Idee», stimmte Wolf zu und zog los. Er lag noch gar nicht lange auf der Straße, als der Bauer vor ihm anhielt.

«Hm», sagte der Bauer. «Ob dieser Wolf wirklich so tot ist, wie er aussieht?» Er hob die Peitsche und versetzte Wolf ein paar heftige Hiebe. Doch Wolf zuckte nicht einmal zusammen. «Na gut, der ist erledigt. Den pack ich mir auf den Wagen und nehm ihn mit nach Haus, und später werd ich ihm den Pelz abziehen.» Damit warf er Wolf oben auf die Fässer und fuhr weiter.

Wolf lag eine ganze Weile da, ohne sich zu rühren, für den Fall, dass der Bauer einen Blick hinter sich werfen sollte. Dann richtete er sich langsam wieder auf.

Au weh! Dieser Bauer wusste gut mit seiner Peitsche umzugehen! Die Hiebe brannten ihm noch immer auf der Haut. Doch kaum roch Wolf die Butter, waren sämtliche Schmerzen vergessen. Flink rollte er ein Fass vom Wagen hinunter und sprang ihm nach. Wie der Blitz tauchte Schakal aus dem hohen Gras auf, mit einem selbstzufriedenen Grinsen im Gesicht. «Na, den haben wir ganz schön reingelegt, was, Wolf?», lachte er, als er das Fass ins Gras rollte. «Der wird nie darauf kommen, was mit seiner Butter passiert ist.»

«Los, lass uns das Fass öffnen», sagte Wolf. «Ich kann's kaum erwarten.»

«Was? Jetzt die Butter fressen?», rief Schakal in gespieltem Entsetzen.

«Das geht nicht! Frische Butter zu fressen bedeutet den sicheren Tod. Das weiß doch jeder. Wir müssen abwarten, bis sie reif ist!» So versteckten sie das Butterfass im hohen Gras und gingen heim.

Ein paar Tage später saß Wolf vor seiner Haustür in der Sonne. Das Fass Butter ging ihm einfach nicht aus dem Sinn. Just in dem Augenblick kam Schakal vorbeispaziert. «He, Schakal!», rief Wolf. «Was meinst du? Ist die Butter schon reif?»

«Hm, also, weißt du, Wolf, eigentlich habe ich im Augenblick ganz andere Sorgen als Butter», sagte Schakal. «Meine Frau hat gerade ein Kind bekommen, und ich muss es taufen lassen.»

«Ach, und wie soll der Kleine heißen?», erkundigte sich Wolf angelegentlich.

«Wir nennen ihn … ‹Nicht schlecht für den Anfang›!», antwortete Schakal und ging weiter – was ihm einige Schwierigkeiten bereitete, da sein Bauch sich blähte, wie Bäuche es zu tun pflegen, wenn man sie sich den ganzen Morgen mit Butter vollgestopft hat.

Wolf wartete noch ein paar Tage, aber dann konnte er es nicht mehr aushalten und ging zu Schakal. «Raus mit der Sprache, Schakal, was ist mit der Butter los?», wollte er wissen.

«Ach, Wolf, teurer Freund», sagte Schakal mit bekümmerter Stimme. «Du wirst es nicht glauben, aber wir haben *noch* ein Kind bekommen, das ich taufen lassen muss.»

«Oh, und wie wird das dann heißen?», fragte Wolf mit einigem Interesse, hatte er doch lang und herzhaft über den seltsamen Namen von Schakals Erstgeborenem lachen müssen.

«Ähm, wir nennen es ... ‹Erster Reifen›», sagte Schakal, der just an diesem Morgen das Butterfass bis zum ersten Reifen ausgeschleckt hatte.

Und so ging es weiter, Woche für Woche. Wolf stellte immer wieder dieselbe Frage, aber Schakal war ständig mit Kindstaufen beschäftigt: Zweiter Reifen, Dritter Reifen, Vierter Reifen – eins nach dem anderen.

Schließlich war Wolf mit seiner Weisheit am Ende. Er wollte nicht denken, denn das einzige, woran er denken konnte, war Butter. Er wollte nicht schlafen, denn das einzige, wovon er träumen würde, war Butter.

«Keine Sorge, Wolf, alter Freund», sagte Schakal eines Tages unversehens. «Morgen gehen wir und holen uns die Butter. Heute Morgen hab ich mein allerletztes Kind getauft.»

«Das dürfte dann vermutlich ‹Siebter Reifen› sein», sagte Wolf mit einer gewissen Bissigkeit. Über die Namen von Schakals Kindern konnte er sich schon seit langem nicht mehr amüsieren.

«Oh, mitnichten!», sagte Schakal. «Sein Name ist ‹Fassboden›.»

Am nächsten Morgen kam Schakal wie versprochen, und sie machten sich auf den Weg zum versteckten Butterfass.

«Ich sag dir was, Wolf, alter Kumpan, diese Butter wird jetzt himmlisch schmecken», sagte Schakal.

«Ja», sagte Wolf und beschleunigte seinen Schritt.

«Jetzt hat sie genau die richtige Butterreife», sagte Schakal.

«Ja! Ja!», sagte Wolf und begann loszurennen.

«Oh, ich spüre schon, wie sie mir auf der Zunge zergeht», sagte Schakal. Aber Wolf konnte nichts mehr antworten – der Mund war ihm einfach zu wässrig.

Sie kamen zum Fass und machten es auf. Es war leer.

«Nein!», keuchte Schakal.

«Nein!», keuchte Wolf.

«Das warst du!», sagte Schakal.

«Das warst du!», sagte Wolf.

Da gab es ein Lärmen und Toben! Bald flogen die Worte und die Haare nur so.

«Ich geb dir eins auf die Schnauze!»

«Ich reiß dir die Ohren ab!»

Wolf wollte Schakal gerade mit der Linken einen Haken versetzen, doch der trat flugs einen Schritt zurück. «Warte, warte, Bruder Wolf», sagte Schakal rasch. Wolf war sehr viel größer und stärker als Schakal. Wer von beiden bei einer Prügelei den Kürzeren ziehen würde, daran bestand für Schakal nicht der geringste Zweifel. «Warte», sagte er noch einmal. «Wir sind drauf und dran, uns hier wegen nichts und wieder nichts grün und blau zu schlagen. Stattdessen sollten wir herausfinden, wer der Übeltäter ist.»

«Das bist du!», sagte Wolf.

«Und ich glaube, dass du's bist», sagte Schakal scheinheilig. «Warum legen wir uns nicht da drüben in die Sonne, dann werden wir ja sehen, wem die geschmolzene Butter aus dem Munde tropft. Und damit wissen wir ganz sicher, wer von uns beiden der Schuldige ist.»

«Und derjenige kriegt dann eine gründliche Tracht Prügel», sagte Wolf, für den außer Frage stand, wer «derjenige» wäre.

«Genau», sagte Schakal.

Sie legten sich in die Sonne. Binnen kurzem war Wolf eingeschlafen und schnarchte laut. Schakal stand heimlich auf, kratzte den letzten Rest Butter vom Fassboden und schmierte ihn Wolf auf die Schnauze. Dann legte er sich wieder hin und schlief ein.

Nach einer Weile wachten sie auf und räkelten sich wohlig.

«Mein Mund ist sauber», bemerkte Schakal mit einer gewissen Zufriedenheit.

«An meinem ist überall Butter!», rief Wolf bestürzt.

«Na, dann wissen wir ja wohl, was wir zu tun haben», sagte Schakal und brach sich eine hübsche Gerte vom Baum.

«Ich muss im Schlaf hergekommen sein und die Butter aufgefressen haben», sagte Wolf in bekümmertem Ton und erwartete demütig seine Strafe, «denn ich kann mich an nichts erinnern.»

Schakal gab keine Antwort. Er war ganz damit beschäftigt, Kräfte zu sammeln, um Wolf eine wirklich tüchtige Tracht Prügel zu verabreichen.

Die Wolkenprinzessin
In dieser Geschichte
der Swasi, nacherzählt von Phyllis Savory, verwandelt sich der Hase
durch Zauberkraft in ein menschliches Lebewesen – was für Hasengeschichten
eher ungewöhnlich ist. Die Illustration stammt von Piet Grobler.

Zweimal schon war der Hase nur mit knapper Not den Hunden des Häuptlings entkommen, dessen Ländereien er regelmäßig plünderte, und er hatte Angst, dass sie ihm eines Tages wirklich den Garaus machen würden.

«Ich werde wohl mein eigenes Getreide anbauen müssen», schnaufte er vor sich hin, als er erschöpft unter einem Busch lag, um sich von der letzten Hetzjagd zu erholen. Es war ihm gerade noch gelungen, die flinken Hunde durch einen plötzlichen Haken zu überlisten, als diese ihn einen Augenblick lang aus den Augen verloren hatten.

Am nächsten Morgen nahm er seine Hacke und ging in den Wald, wo er sich ein verborgenes, fruchtbares Fleckchen Erde aussuchte. Nachdem er es vom Gras befreit hatte, pflügte er die Schollen gut um. Bei Einbruch der Nacht kehrte er todmüde, aber zufrieden zu seiner kleinen Hütte zurück.

«Morgen werde ich meine eigenen Maissamen und Kürbiskerne setzen», beschloss er, während er die letzten Maiskolben kochte, die ihm von seinem vorangegangenen Beutezug noch geblieben waren, «denn sonst erwischen mich diese schrecklichen schnellen Hunde eines Tages doch noch.»

In dieser Nacht schlief der Hase tief und fest. Nachdem er am nächsten Morgen sein Frühstück mit etwas selbst gebrautem Bier hinuntergespült hatte, machte er sich auf den Weg zu seinem Stück Land und säte seine Feldfrüchte aus. Als er mit seiner Arbeit zufrieden war, zerkleinerte er etwas Unterholz und zäunte das Grundstück sorgfältig ein, um das Wild fernzuhalten.

Er hatte Glück mit dem Wetter, und das Getreide wuchs und gedieh. Als die Erntezeit herankam, wurden die Maiskolben immer dicker und die Kürbisse bekamen vielversprechende Rundungen.

Schließlich erntete der Hase die ersten Früchte seiner Arbeit. Als er am Feuer saß und die saftigen Kolben röstete, dachte er bei sich, wie töricht es doch von ihm gewesen war, sein Leben immer wieder im Maisfeld des Häuptlings aufs Spiel zu setzen.

Doch eines Morgens musste er – sehr zu seinem Verdruss – entdecken, dass in der Nacht jemand Körner von seinen Maiskolben abgepickt hatte. Seltsame vogelartige Fußspuren, wie er sie noch nie gesehen hatte, deuteten auf die Übeltäter hin.

«Ich werde Fallen für diese gefiederten Räuber aufstellen», sagte er zu sich, «aber merkwürdig ist es schon, dass sie des Nachts kommen.»

Er ging zu den Weiden, wo das Vieh des Häuptlings graste, und wartete, bis die Hirtenjungen eingeschlafen waren; dann riss er einer Kuh ein paar lange schwarze Schwanzhaare aus. Mit denen ging er zu seinem Grundstück zurück und band sie, dort angekommen, zu kunstvollen Schlingen, die er fest in den Boden pflockte. Dann streute er ein wenig Erde darüber, so dass die Falle nicht zu sehen war. Nachdem er seine Vorbereitungen abgeschlossen hatte, kehrte er nach Hause zurück, fest entschlossen, den Dieben das Handwerk zu legen.

Am nächsten Morgen stand er in aller Frühe auf, und als er sich seinem Feld näherte, hörte er mit Vergnügen ein heftiges Flattern. Er schaute über den Zaun und sah, dass sich tatsächlich ein Vogel in einem der Fallstricke verfangen hatte, während viele seiner Artgenossen – sichtbar betrübt – hoch oben am Himmel kreisten.

Noch nie hatte er ein so schönes Geschöpf gesehen wie diesen Vogel, der ihm da in die Falle gegangen war. Seine Farben waren so herrlich wie die des Regenbogens, und in einem Flügel hatte er eine überlange, pechschwarze Feder.

«Du wolltest meinen Garten plündern, nicht wahr?», sagte der Hase, indem er den Vogel, der sich heftig wehrte, unsanft packte. «Heute Abend wirst du mir trefflich munden!» Er band seinen Gefangenen los und trug ihn nach Hause, während die anderen Vögel weiter über ihnen kreisten. Er wollte ihn schon töten, doch zuvor riss er ihm die lange, schwarze Feder aus dem Flügel – die würde er oben an seiner Hütte anbringen, dachte sich der Hase, als Abschreckung für andere Vögel, die auf die Idee kämen, bei ihm zu wildern. Kaum hatte er das getan, war der Vogel verschwunden, und ein schönes Mädchen stand vor ihm.

«Bitte gib mir meine Zauberfeder zurück!», rief sie unter Tränen aus.

«Nichts da!», entgegnete der Hase. «Du bist viel zu schön, als dass ich dich freilassen würde. Wenn ich dir deine Feder zurückgebe, wirst du wieder zu einem Vogel und fliegst fort zu deinen Gefährten. Wo ist dein Zuhause?»

«Mein Zuhause ist jenseits der Wolken», antwortete das liebliche Mädchen, «dort, wo mein Vater als König herrscht. Ich bin sein einziges Kind, und die da um deine Hütte kreisen, das sind meine Vogelzofen. Sie haben Angst, ohne mich zu meinen Eltern zurückzukehren. Bitte lass mich gehen!»

Der Hase jedoch wollte nicht auf ihr flehentliches Bitten hören und versteckte die Zauberfeder im Strohdach seiner Hütte.

So musste die Wolkenprinzessin wohl oder übel bei ihm bleiben. Er behandelte seine schöne Gefangene freundlich. Dafür fegte sie ihm die Hütte und machte sämtliche Hausarbeiten. Nach einer Weile lebten sie ganz zufrieden miteinander, die Wochen verstrichen, und nach und nach verliebte sich die Wolkenprinzessin in ihren Aufseher.

Eines Tages sagte sie dem Hasen, wenn er ihr ihre Zauberfeder zurückgebe, würde sie ihn in ein menschliches Wesen verwandeln, wie sie selbst eines sei. Zuerst misstraute er ihr und meinte, sie wolle ihm einen Streich spielen und für immer davonfliegen. Doch sie versicherte ihm, sie liebe ihn viel zu sehr, als dass sie ohne ihn in ihr Wolkenheim zurückkehren möge. So gab er ihr schließlich die Feder zurück.

Kaum hielt sie die Feder in Händen, berührte sie ihn damit, und schon verwandelte er sich in einen schönen Prinzen, der sogleich um ihre Hand anhielt.

Die Prinzessin willigte nur allzu gerne ein — unter der Bedingung allerdings, dass ihre Hochzeit geheim bleiben müsse: Sollten ihre Vogelzofen, die oft die Hütte umkreisten, je ihrem Vater erzählen, dass sie einen Erdenmenschen geheiratet habe, würde er sie auf ewig aus ihrem Wolkenheim verbannen. So wurden sie also Mann und Frau und lebten glücklich in ihrer kleinen Hütte zusammen.

Der Wolkenkönig ließ seiner Tochter über ihre Vogelzofen viele Botschaften zukommen, in denen er sie inständig bat, doch wieder nach Hause zurückzukehren. Doch nachdem sie sich beharrlich weigerte, beschloss er, den Mann, der ihr Herz gewonnen hatte, zu töten.

Zu diesem Zweck beauftragte er die Zofen, sich auf der Erde mit einem Specht und einer Maus anzufreunden. Hätten sie das erreicht, sollte der Specht auf ihr Geheiß Gift aus dem Urwald holen; die Maus aber, die unbemerkt in die

Hütte zu kommen vermochte, sollte es dem Geliebten seiner Tochter ins Essen mischen.

Die beiden kleinen Tiere willigten in den Plan ein und trieben sich in der Nähe der Hütte herum, um das Vertrauen des Prinzen und seiner schönen Frau zu gewinnen. Doch bald waren ihnen der Prinz und die Prinzessin so ans Herz gewachsen, dass sie sich weigerten, den Plan des Wolkenkönigs auch wirklich in die Tat umzusetzen.

So glücklich die Wolkenprinzessin mit ihrem geliebten Mann auch war, so sehnte sie sich doch danach, ihr Zuhause wiederzusehen.

«Bitte gib mir meine Zauberfeder», bat sie eines Tages ihren Gemahl, «damit wir meine Angehörigen über dem Himmel besuchen können. Wenn sie dich erst sehen, dann werden sie vielleicht in unsere Heirat einwilligen, und mein Vater wird dich als seinen Sohn annehmen.»

Dieser Bitte konnte sich ihr Gemahl nicht verweigern, denn sie war ihm stets eine gute Frau gewesen und er hatte Vertrauen zu ihr. So holte er die Feder aus dem Versteck, und die Prinzessin pflanzte sie in den Boden, von wo sie sogleich in den Himmel wuchs, bis sie die Wolken durchstieß. Gemeinsam mit ihren Freunden, dem Specht und der Maus, die sie baten, sie zu begleiten, begannen sie ihren langen Aufstieg zum Himmel. Ganz vorne ging der Prinz, gefolgt von seiner Prinzessin, dann kam der Specht und als Letztes die Maus.

Nachdem sie über die Wolken hinaus waren, kamen sie zu einer großen Mauer. Dort, wo die Federspitze endete, befand sich der Eingang zu einem Tunnel, doch der Weg war ihnen durch große Felsen versperrt, die sich nahtlos zusammenfügten. «Jetzt», sagte die Prinzessin, «beginnen unsere Schwierigkeiten, denn nur meine vertrauteste Zofe kennt den Geheimgriff, mit dem sich der Fels bewegen lässt, hinter welchem sich der Zugang zum Reich meines Vaters verbirgt.»

«Kein Spalt ist zu klein, als dass ich ihn nicht finden könnte», sagte die Maus. «Ich werde um den ganzen Fels herumspüren, bis ich ihn entdeckt habe.» Immer wieder umkreiste sie den Felsblock am Ende des Tunnels und versuchte, eine Ritze zu finden, die das Geheimnis preisgeben würde. Doch wie sehr sie sich auch mühte, der Fels war so glatt, dass sie keine Stelle fand, die ihren kleinen scharfen Mausezähnen einen Halt geboten hätte.

«Lass mich mal versuchen», sagte der Specht. «Ich bin geübt darin, Baumstämme mit meinem Schnabel zu beklopfen, und mit den Ohren werde ich den Hohlraum aufspüren, der das Geheimnis birgt.» *Tack, tack, tack* machte der spitze, starke Schnabel, als der Specht den Fels bearbeitete, wobei er keine einzige Stelle ausließ.

«Ah», sagte er plötzlich, «hier muss es sein, hinter dieser Stelle klingt ein hohles Echo.» Behutsam tastend kratzte er mit dem scharfen Schnabel herum, und schließlich fand er einen winzigen Griff, der aus demselben grauen Stein war wie die Mauer und sich mit bloßem Auge nicht erkennen ließ. Vorsichtig hebelte und zog er, und am Ende hatte er den Griff gelockert. Als er ihn herauszog, ging die Felstür auf, und sie erblickten eine schöne Landschaft mit grünen Bäumen, glitzernden Flüssen und zufrieden grasendem Vieh.

«Willkommen im Reich meines Vaters», sagte die Wolkenprinzessin an ihren Prinzen gewandt. Dann ging sie ihm durch die liebliche Landschaft voran. Bald erreichten sie ein großes Dorf mit stattlichen Hütten und Viehställen.

Unter den Wolkenmenschen herrschte beträchtliche Aufregung über die unerwartete Rückkehr ihrer Prinzessin. «Aber wer ist dieser Mann, den du da mitgebracht hast?», fragte ihr Vater, nachdem die Begrüßungszeremonie beendet war.

«Es ist mein Erdenfreund», antwortete seine Tochter, «den ich lieben gelernt habe, und ich möchte, dass er mein Gemahl wird.»

«Was soll dieser Unsinn»?», gab der Wolkenkönig ärgerlich zurück. «Nie haben sich Wolkenmenschen mit Erdbewohnern vermählt. Er muss sofort nach Hause zurückkehren.»

Doch die Prinzessin weigerte sich, den Worten ihres Vaters Gehör zu schenken; wenn er ihren Geliebten fortschicke, machte sie ihm deutlich, dann werde auch sie für immer gehen. «Er ist klüger als alle anderen Menschen», sagte sie zu ihrem Vater, «und du solltest ihn wie einen Sohn willkommen heißen.»

«Also gut», sagte der König, als er die Entschlossenheit seiner Tochter sah, «er mag eine Weile bei uns bleiben.» Doch im Stillen sann er bereits auf einen Plan, den Erdenmenschen zu töten; er würde es so anstellen, dass es wie ein unglücklicher Zufall aussah. Dann gab er Anweisungen, den beiden ein Willkommensmahl zu bereiten.

Die Maus, die gute Speisen liebte, wurde durch die Essensdüfte angelockt, die aus der Küche drangen. Unbemerkt stahl sie sich hinein, um die Leckerbissen aufzulesen, die beim Kochen zu Boden fielen. Doch da sie Augen und Ohren offen hielt, hörte sie den Chefkoch über die Weisungen des Königs sprechen, den Erdenmenschen zu vergiften. Sie beobachtete alles ganz genau, und so entging ihr nicht, wie eine der fertigen Speiseplatten beiseite gestellt und vom Oberzauberer des Königs, der inzwischen dazugekommen war, mit einem weißen Pulver bestäubt wurde.

Ohne Zeit zu verlieren, rannte die Maus zum Prinzen. Sie kletterte ihm auf die Schulter und wisperte ihm ins Ohr: «Dein Leben ist in Gefahr! Rühr heute keine Speise an!» Dann erzählte sie ihm alles, was sie in der königlichen Küche gesehen und gehört hatte. So wurde der Prinz gerettet.

Der König war wütend, dass sein Plan fehlgeschlagen war, und bestellte seinen Oberzauberer zu sich. Um ganz sicher zu gehen, dass niemand sie belausche, zogen sich die beiden unter den großen Beratungsbaum zurück, wo sie einen neuen hinterhältigen Plan erörterten.

«Diesmal», sagte der König, «musst du einen mächtigen Hagelsturm auf der großen Ebene wüten lassen, die sich bis zum Horizont zwischen meinem Reich und dem Nachbarland erstreckt. Ich werde den Geliebten der Prinzessin mit einem Auftrag über die Ebene losschicken, wo der Hagel ihn erschlagen wird.»

Ohne dass es der König bemerkt hätte, sonnte sich der Specht hoch oben in den Ästen des Baumes; seine scharfen Ohren hatten die Unterhaltung mit angehört, und so ersann er einen Gegenplan.

Am nächsten Morgen ließ der König den Prinzen kommen. «Ich möchte, dass du meinem Nachbarn weit jenseits der großen Ebene zwischen unseren beiden Reichen eine Botschaft bringst», sagte er. «Wenn du jetzt bei uns lebst, dann tust du gut daran, auch die Menschen unserer Umgebung kennen zu lernen.»

Am nächsten Morgen brach der Prinz zu seiner Reise auf. Doch als er mitten auf der Ebene war – dort, wo es keinerlei Obdach für ihn gab –, brauten sich schwarze Wolken am Himmel zusammen. Grelle Blitze leuchteten auf, und der Donner grollte.

«Das könnte mich das Leben kosten», dachte er bei sich, und schon hagelten riesige, zackige Eisklumpen auf ihn herab. Doch ehe sie ihn am Kopf treffen konnten, breitete der Specht, der ihm heimlich gefolgt war, seine Zauberflügel über ihm aus. Er sagte ihm, er solle sich hinlegen, und so schützte er ihn vor der Gefahr von oben.

Als der Sturm vorüber war, stand der Prinz wie benommen auf. Alles war wüst und öd, so weit sein Auge auch blickte. Doch obwohl überall auf dem Boden der Hagel knöcheltief lag, war der Prinz unbeschadet davon gekommen.

Wie wütend der König war, als der Prinz unversehrt zurückkehrte, lässt sich leicht denken. Er rief alle seine Zauberer zusammen. «Wir müssen eine Jagd zu Ehren des Prinzen veranstalten», beschlossen sie, nachdem sie sich lange beraten hatten. «Es werden viele Jäger mit Bögen und Pfeilen daran teilnehmen, und wer wird schon wissen, wessen Pfeil ihn trifft?»

Wieder saß der Specht in der Baumkrone und hörte den hinterhältigen Plan. Sogleich flog er zur Hütte des Oberzauberers, wo er einen Talisman für den Prinzen machte. Den solle er, so sagte ihm der Vogel, verborgen um den Hals tragen, und versicherte, damit würden die Pfeile von seinem Körper abgelenkt werden.

Am Tag der Jagd versuchten viele Jäger, den Prinzen zu töten und sich so die Belohnung des Königs zu verdienen. Doch obwohl sie richtig zielten, fielen ihre Pfeile immer wieder zu Boden, ohne den Prinzen zu treffen. Und wieder kehrte dieser unversehrt nach Hause zurück.

«Meine Liebste», sagte er in dieser Nacht zur Wolkenprinzessin, «dein Vater wird nicht eher Ruhe geben, als bis er mich getötet hat. Es ist Zeit für mich, auf die Erde zurückzukehren.»

«Ohne dich, mein Gemahl, würde mir das Leben nichts bedeuten», sagte sie. «Ich gehe mit dir.»

Mitten in der Nacht, als alle fest schliefen, schlichen sich der Prinz, die Prinzessin, der Specht und die Maus heimlich zur Tür, die aus dem Wolkenreich hinausführte. Die Prinzessin warf die Zauberfeder weit hinunter auf die Erde, und dort landete sie genau vor der Tür der kleinen Hütte des Prinzen. Dann kletterten sie alle hinab, und so verließen sie das Land der Wolkenmenschen auf Nimmerwiedersehen.

«Wünsch dir, was du willst», sagte der Specht zum Prinzen, «und dein Talisman wird es dir erfüllen.»

«Mein allergrößter Wunsch ist ein Zuhause, wie es meiner Frau gebührt.»

Sogleich erschien ein schönes Dorf vor ihnen, bevölkert mit Untertanen, die den Prinzen als ihren König begrüßten. Sanftäugige Rinder grasten knietief auf grünen Weiden, und eine freundliche alte Frau mit vielen Runzeln geleitete an der Spitze einer Zofenschar die Prinzessin zu ihrer königlichen Hütte.

Als Nächstes wünschte sich der Prinz, dass der Specht und die Maus sich in Menschen verwandelten, was im Handumdrehen geschah. Dann wurde ein Festmahl veranstaltet, um die Hochzeit des Prinzen und seiner Wolkenprinzessin zu feiern. Die Maus wurde zum Obersten Berater, und die vier Freunde lebten ein langes, glückliches Leben und regierten ihr Volk mit Weisheit und Umsicht.

Der Hüter des Teichs *Dieses Märchen*
aus Zentralafrika kreist um die Heilfähigkeiten der Schlange – auch dies
ein gängiges Thema der afrikanischen Folklore. Diana Pitcher
hat ihre Version der Geschichte in Zululand angesiedelt.
Die Illustration stammt von Tamsin Hinrichsen.

In einem weit entfernten Land liegt ein großer See. An einem Ende hat er eine schmale Öffnung, durch die sich das Wasser zwängt, um sich von dort glucksend in die Ebenen zu ergießen. Unablässig fließt es dahin, durch enge, steinübersäte Schluchten, über Klippen, durch braunes Erdreich und grüne Wiesen, bis es schließlich von drei großen Felsblöcken eingefasst wird.

Tosend sucht sich der Fluss seinen Weg ins Tal, immer schneller, immer wilder, bis er einen großen Strudel bildet, der alles verschlingt, was in seine Nähe kommt: die roten und goldenen Blätter, die von den Umsasa-Bäumen fallen, die Mücken, die über das Wasser flitzen, und die Schmetterlinge, die über den süß duftenden, weißen Blüten des Wasserkrauts am Rand des Teichs flattern.

Auf dem Grund des Strudels aber liegt ein großer silberfarbener Wasserpython, den langen, glitzernden Körper zusammengerollt, seine Schlangenaugen blinzeln in die Sonnenstrahlen, die aufs Wasser fallen, seine Zunge züngelt vor und zurück – der schöne, schreckliche silberne Wasserpython ist der Hüter des Teichs.

Doch dies ist kein gewöhnlicher Python, denn seine kalte, nasse Haut zu berühren bedeutet Heilung: Heilung für alle Krankheiten und Schmerzen von Männern und Frauen, Heilung für alle, die den Mut besitzen, ihn in seiner Behausung auf dem Grund des Teichs zu besuchen.

Ngosa saß am Rand des Teichs und starrte in den tosenden Strudel. Die Sonne schien ihr auf die glatte, braune Haut und wärmte ihren zitternden Körper. Ihre Mutter war krank, sehr krank. Ngosa wusste, dass sie ihr Hilfe bringen musste, denn andernfalls würde ihre Mutter sterben. Doch die Vorstellung, in diese wilden Wasser hinabzusteigen, den silbernen Python zu berühren, ihm in die schwarzen Schlangenaugen zu blicken, sich dieser züngelnden Zunge zu nähern... Trotz der Hitze fröstelte es Ngosa. Sie hatte Angst.

Von unten aus dem Wasser starrte Python zu Ngosa hinauf; er sah, dass sie schön war, wusste, dass sie sich vor ihm fürchtete, und sehnte sich danach, ihr Mut zuzusprechen.

Ngosa hörte jemanden hinter sich schreien. Sie drehte sich um und sah ihre jüngere Schwester über die Felder angerannt kommen.

«Ngosa! Ngosa!», rief sie. «Beeil dich, unsere Mutter stirbt gleich!»

Da stiegen viele Erinnerungen in Ngosa auf — wie ihre Mutter sie beruhigt und ihr die ganze Nacht lang Wiegenlieder vorgesungen hatte, nachdem sie von Krokodil beinahe ins Wasser gezerrt worden war; wie ihre Mutter meilenweit gelaufen war, um die rote Rettichwurzel zu finden, mit der sie den schrecklichen Schmerz linderte, als Skorpion sie gestochen hatte; wie ihre Mutter den scheußlich behaarten Pavian verscheucht hatte, der ihren kleinen Bruder aus der Wiege rauben wollte; wie ihre Mutter stillschweigend ihre Portion Maisbrei mit den Kindern geteilt hatte, als die große Trockenheit über sie gekommen war und die Menschen verhungerten.

Ngosa sprang in den rasenden Strudel hinein.

Pythons Zunge schnellte nur einmal vor, dann blieb sie ruhig. Die schwarzen Schlangenaugen schlossen sich. Ngosa streckte ihre Hand aus und streichelte seine kalte, nasse Haut. Dann ruderte sie mit Armen und Beinen wieder an die Wasseroberfläche und raste durch die Felder nach Hause, um die heilende Kraft des Pythons durch eine Berührung auf ihre Mutter zu übertragen.

In dieser Nacht, als der Mond blutrot über den Bergen stand, rollte Python seinen silbernen Körper auf und tauchte langsam empor. Dem Wasser des Teichs entstieg ein junger Mann. Seinen schönen, hoch erhobenen Kopf zierten hübsche schwarze Locken. Seine braunen Augen blickten furchtlos. Er hatte kräftige Arme und Beine. Bestimmt war es der Sohn eines Häuptlings. So, wie es einst der erste Mensch getan hatte, blickte er um sich und sah, dass die Erde gut war.

Er durchschritt die Felder und kam zu einem Halbkreis von Hütten. Im Gehege käuten die Rinder friedlich wieder, ihr schwarzweißes Fell glänzte weichseiden im Mondlicht. Eine Ziege leckte ihr Junges ab.

«Ngosa», rief er sanft. «Ngosa, dein Mut hat mich gerettet. Als die Wasserhexe mich in eine Schlange verzauberte, sank ich auf den Grund des Teichs hinab.

Seitdem muss ich für alle Zeiten den Strudel tagsüber bewachen. Doch weil du den Mut besessen hast, darf ich jetzt des Nachts wieder in meine menschliche Gestalt schlüpfen. Nachts darf ich mich denen zeigen, die mutig sind und schön. Mutig bist du gewiss, denn du hast dich zu mir in meiner Pythongestalt gewagt, und dass du schön bist, sehe ich mit eigenen Augen. Komm.»

Ngosa trat aus ihrer Hütte, und der Sohn des Häuptlings legte ihr ein Kollier aus milchigen, blaugrünen Mondsteinen um den Hals, die auf einer Schnur aus silbrigem Mondlicht aufgereiht waren.

Fortan verbringt Ngosa ihre Tage am Rande des Teichs und spielt auf ihrem Ugubhu* liebliche Weisen, denn Pythons lieben die Musik der Menschen.

Nachts aber legt sie ihr Mondstein-Kollier an und wartet darauf, dass der Sohn des Häuptlings dem Wasser entsteigt.

---

* Einsaitiger Musikbogen mit einer Kalebasse als Klangkörper

Die Tochter des Sultans

Märchen über Rätsel, die gelöst werden müssen, ehe ein Herzenswunsch in Erfüllung geht, finden sich auf der ganzen Welt. Auch in dieser malaiisch-indischen Geschichte, die im Malaienviertel des Kaps aufgezeichnet und von Dr. I. D. du Plessis nacherzählt wurde, muss der Protagonist erst drei Rätsel lösen, ehe er seine Belohnung bekommt. Die Illustration stammt von Robert Hichens.

Sultan Mahmud war alt und fühlte sein Ende nahen. So rief er Ali, seinen einzigen Sohn, zu sich und sprach: «Mein Sohn, ehe ich sterbe, sollst du beweisen, dass du genügend Weisheit und Mut besitzt, mein Nachfolger zu werden. Nimm dieses Geld und dein Pferd und zieh hinaus in die Welt. Doch bleibe nicht zu lange fort, denn ich werde alt und möchte dich noch einmal sehen, bevor ich sterbe.»

Kaum hatte Ali das Reich seines Vaters verlassen, erkrankte sein Pferd, und nach wenigen Tagen war es tot. Ali musste seinen Weg zu Fuß fortsetzen, doch das machte ihm nichts aus. Er streifte durch das unbekannte Land und sah überall die Schönheit der Welt, die ihn umgab, die Wälder und Bäume und die Geschöpfe der Natur. All das machte ihn glücklich, denn er war jung und lebenshungrig.

Eines Nachmittags schlug das Wetter plötzlich um, und Ali suchte nach Unterschlupf in einem Haus, das hinter Bäumen versteckt lag. Als er näher kam, sah er, dass es eine Moschee war, aber er konnte keine Menschenseele entdecken. Ali beschloss, die Nacht dort zu verbringen, denn es war zu stürmisch, als dass er seine Reise hätte fortsetzen können.

In der Nacht erwachte er von dumpfen Schlägen, die so heftig waren, dass er den Boden unter sich erzittern spürte. Leise stand er auf und wollte herausfinden, was da vor sich ging, aber es war so finster, dass er nichts zu erkennen vermochte. Das dumpfe Schlagen ging weiter, und dann und wann vernahm er ganz in der Nähe Stimmengeflüster.

Als es hell wurde, sah er, wie zwei Männer mit Spitzhacken den Boden der Moschee aufrissen. Während er ihnen zuschaute, zerrten sie unter den Kacheln ein Skelett hervor. Das war ein Frevel! Ali konnte seinen Zorn nicht zurückhalten. Mit gezücktem Schwert stürzte er auf sie zu.

«Haltet ein mit eurem schändlichen Tun», schrie er, «oder ich schlage euch die Köpfe ab!»

Als die beiden Grabräuber merkten, dass er alleine war, begehrten sie auf.

«Und was geht dich das an?», fragten sie.

«Ich bin Ali, der Sohn von Sultan Mahmud, und ich werde einen solchen Frevel nicht dulden, auch wenn ich in einem fremden Land bin!»

Da wurden die Männer etwas höflicher.

«Es mag ein Frevel sein, aber wir rächen uns nur für das, was dieser Mann uns angetan hat: Er schuldete uns eine große Summe Geld und starb, ehe er sie zurückgezahlt hatte.»

«Ist das nicht Strafe genug? Glaubt ihr denn, er hat seinen Frieden in der Geisterwelt, wenn er an dieses Geld denkt?»

«Nein, vielleicht nicht, aber das verschafft uns unser Geld auch nicht wieder», gab einer der Männer missmutig zurück. «Dieses Darlehen hat uns arm gemacht, und nun muss er dafür büßen.»

«Wenn ihr euch auf diese Weise rächt, nehmt ihr selbst Schaden an eurer Seele», entgegnete Ali. «Doch sagt mir, wie viel schuldete euch der arme Mann?»

«Fünfhundert Piaster.»

«Wenn ich euch an seiner Statt auszahle, müsst ihr mir versprechen, seine Gebeine genau so zurückzulegen, wie ihr sie gefunden habt, und das Grab fest zu verschließen.»

Die beiden Gläubiger willigten nur allzu gerne ein. Doch als Ali ihnen den geforderten Betrag ausgehändigt hatte, blieb ihm nichts in seiner Börse zurück.

Am nächsten Tag wanderte Ali laut singend durch die Landschaft: Sein Pferd war tot, seine Börse leer, doch das Herz war ihm übervoll, da er dem Toten einen Gefallen erwiesen hatte. Während er so dahinging, näherte sich ihm von hinten ein Fremder. «Seltsam», dachte Ali, «gerade eben habe ich mich noch umgeschaut, und da war niemand auf der Straße zu sehen.»

Doch der Mann hatte ein freundliches Gesicht, und Ali mochte ihn auf den ersten Blick.

«Asalaam-u-alaikum!», sagte der Fremde.

«Wa-alaikum salaam»!», erwiderte Ali.

«Darf ich mit dir gehen?», fragte der Fremde.

«Natürlich. Wohin führt dich dein Weg?»

«Ich habe kein bestimmtes Ziel. Mein Name ist Radjab, und ich würde dich gerne eine Zeit lang begleiten.»

Sie gingen weiter und kamen an einen pechschwarzen Berg.

«Schau nur, wie schwarz der Berg ist!», rief Ali aus. «Glaubst du, das ist ein Unwetter?»

«Nein», sagte Radjab, «das ist nur die Farbe des Bergs. Es ist ein seltsamer Berg. Gib Acht, dass du nie allein in seiner Nähe herumläufst. Man nennt ihn nur das Hexenhaus.»

Während sie an dem Berg vorbeiwanderten, begegneten sie einer Frau, die ein Bündel Holz trug. Als sie näher kam, stolperte sie über einen Stein und verrenkte sich das Knie, so dass sie unmöglich weitergehen konnte.

«Arme Frau», sagte Ali mitleidig, «was können wir tun, um ihr zu helfen?»

Radjab steckte die Hand in die Tasche. «Ich habe genau die richtige Salbe für sie.»

Er rieb sie der Frau aufs Knie, und sofort ging es ihr wieder besser.

«Wie kann ich dir nur meine Dankbarkeit erweisen?», sagte die Frau.

«Das kostet dich nichts», antwortete Radjab, «aber wenn du einverstanden bist, dann nehme ich mir diese beiden Farnwedel, die du da trägst.»

Nur allzu gerne gab ihm die Frau den Farn. Dann raffte sie ihr Holzbündel auf, wünschte den beiden Freunden einen guten Tag und ging ihrer Wege.

«Was willst du mit dem Farn?», fragte Ali.

«Wer weiß, wozu er noch mal nützlich ist», antwortete Radjab.

Bei Sonnenuntergang gelangten sie zu einer Herberge und beschlossen, hier über Nacht zu bleiben. Nach dem Essen saßen sie an der Tür der Herberge und genossen die kühle Bergluft. Da kam ein Fakir vorbei und begann die Gäste mit seinen Zauberkunststücken zu unterhalten. Es war ein ganz außergewöhnlicher Fakir, denn er konnte seine Holzpuppen laufen lassen, ohne dass er Schnüre benutzte.

Während die Gäste noch da saßen und ihm zuschauten, stürzte sich plötzlich ein Hund auf eine der Puppen und biss ihr den Kopf ab. Der Fakir war außer sich vor Wut, denn es gelang ihm nicht, die Zauberpuppe wieder instand zu setzen. Schon wollte er mit seinem Schwert auf den Hund losgehen, da trat Radjab dazwischen und sagte: «Lass den Hund in Frieden; er weiß es nun mal nicht besser. Pass auf, ich werde dir die Puppe heil machen, und zwar so, dass sie nicht nur wieder laufen kann, sondern auch in der Lage ist zu sprechen.»

Radjab holte seinen kleinen Topf mit Salbe hervor, bestrich Hals und Kopf der Puppe damit und klebte sie zusammen. Und tatsächlich: Die Puppe begann herumzulaufen und redete so viel, dass sogar der Fakir es ein wenig mit der Angst zu tun bekam!

«Was schulde ich dir dafür?», fragte der Fakir.

«Das kostet dich nichts», entgegnete Radjab, «aber wenn du mir dieses Schwert schenken magst, würde ich mich darüber freuen.»

«Was willst du mit dem Schwert?», fragte Ali, als sie sich am nächsten Morgen wieder auf den Weg machten.

«Wer weiß, wozu es noch mal nützlich ist», antwortete Radjab.

In der Ferne tauchten die Minarette einer großen Stadt auf, und Radjab schlug vor, sie zu besuchen. Sie hatten gerade das Tor in der Stadtmauer erreicht, da vernahm Ali einen kristallklaren Gesang in der Luft. Er schaute auf und sah einen schneeweißen Vogel, der hoch oben über ihnen schwebte.

«Hör nur, wie schön dieser Vogel singt», sagte er.

«Ja, das ist ein guter Vogel. Er singt ein Poedji, ein heiliges Lied», antwortete Radjab.

Kaum hatte er die Worte ausgesprochen, da fiel der Vogel tot zu ihren Füßen. Radjab zog das Schwert aus der Scheide, schlug dem Vogel die Flügel ab und steckte sie in seine Tasche.

«Was willst du mit den Vogelflügeln?», fragte Ali.

«Wer weiß, wozu sie noch mal nützlich sind», antwortete Radjab.

Auf dem Markt drängelte sich eine bunte Menge und verneigte sich vor einer schönen jungen Prinzessin, die auf einem kastanienbraunen Hengst durch die Menschenmassen ritt. Ein jeder sprach über ihre Schönheit.

«Wer ist diese Frau auf dem Pferd?», wollte Ali von einem der Umstehenden wissen.

«Das ist die Poeteri*, die Tochter des Sultans. Sie ist die schönste Frau im ganzen Land, aber auch die grausamste. Wer immer sie heiraten möchte, muss zuerst ein Rätsel lösen, das sie ihm aufgibt. Wenn er die Antwort nicht weiß, wird er hingerichtet.»

«Mir gefällt die Poeteri», sagte Ali zu Radjab. «Sie mag grausam sein, aber sie hat mir das Herz gestohlen. Morgen gehe ich zum Palast, um zu sehen, ob ich ihr Rätsel lösen kann!»

«Gut», sagte Radjab, «aber dann lass uns heute Abend früh zu Bett gehen. Du musst bei wachem Verstand sein, wenn du das Rätsel der Poeteri lösen willst.»

Ehe sie sich zur Ruhe legten, rieb Radjab seinem Freund Ali ein wenig von seiner Salbe auf die Stirn. «Damit wirst du gut schlafen», sagte er ihm.

Kaum war Ali der Kopf auf das Kissen gesunken, da schlief er auch schon tief und fest. Kurz vor Mitternacht stand Radjab auf, legte sich die Flügel des Vogels an, nahm die Farnzweige in seine Rechte und flog aus dem Fenster zum Sultanspalast, wo er im Garten landete und unter einem Baum wartete.

Als die Uhr Mitternacht schlug, kam die Poeteri auf goldenen Schwingen aus ihrem Fenster geflogen. Sie flog geradewegs zu einer Höhle im Hexenhaus, ohne zu bemerken, dass Radjab ihr folgte. Während des Flugs schlug Radjab mit dem Farn auf sie ein, doch sie schaute sich nicht um, denn sie meinte, es wären Regentropfen, die ihr auf den Rücken fielen.

An der Höhle angekommen, klopfte die Poeteri an die Tür – *rat-a-tat-tat* –, und diese öffnete sich. Die Hexe hockte vor einem Feuer, inmitten der schauerlichsten Kreaturen, die über sie krochen.

«Was ist dein Begehr?», fragte die Hexe.

«Schon seit langem ist niemand mehr gekommen, um mein Rätsel zu lösen. Sie würden alle gern raten, doch sie fürchten den Tod. Jetzt weiß ich, dass bald wieder jemand kommen wird, und ich fürchte, die Antwort auf das alte Rätsel könnte sich herumgesprochen haben. Wer weiß, vielleicht habe ich im Schlaf gesprochen.»

«Gut», sagte die Hexe. «Wenn jemand kommt, lass ihn raten, woran du gerade denkst.»

«Ja, aber woran soll ich denn denken?»

* Frau von hoher Abstammung oder königlichem Blut

«Denk an deine Handschuhe.»

Als die Poeteri zurückflog, folgte Radjab ihr dicht auf den Fersen und peitschte sie wieder mit dem Farn. Dann legte er sich neben Ali schlafen, bis die Sonne aufging.

«Wenn die Poeteri dich fragt, woran sie gerade denkt, dann antworte ihr, sie denke an ihre Handschuhe», sagte Radjab zu Ali, als der sich auf den Weg zum Palast machen wollte.

Als die Poeteri sah, was für ein anziehender junger Mann da gekommen war, um das Rätsel zu lösen, fand sie sofort Gefallen an ihm und wünschte sich beinahe, er möge die richtige Antwort geben. Doch als er dies tatsächlich tat, sprang sie wütend auf und sagte:

«Nein, du musst noch einmal kommen und raten. So leicht kriegst du mich nicht!»

An diesem Abend versetzte Radjab seinen Gefährten wieder in tiefen Schlaf und flog um Mitternacht zum Palast. Diesmal schlug er die Poeteri, bis Striemen auf ihrer Schulter zu sehen waren, doch sie flog unbeirrt bis zur Höhle weiter.

«Na, wie ging's mit der Raterei?», fragte die Hexe.

«Er wusste die richtige Antwort.»

«Tatsächlich?», rief die Hexe aus. «Du musst aufpassen, dass dieser junge Mann nicht dein Gemahl wird!»

«Dann gib mir ein Rätsel, das er nicht lösen kann.»

«Lass ihn noch einmal raten, woran du gerade denkst», sagte die Hexe, «und dann denk an die goldene Krone auf deinem Kopf.»

Die Poeteri flog schnell nach Hause zurück, doch Radjab blieb dicht hinter ihr und peitschte sie mit dem Farn.

Am nächsten Morgen sagte Radjab zu Ali: «Wenn die Poeteri dich fragt, woran sie gerade denkt, dann antworte ihr, ‹An die goldene Krone, die du auf dem Kopf hast›.»

Die Poeteri saß sehr stolz auf dem Thron neben ihrem Vater. «Diesmal», dachte sie, «wird er die falsche Antwort geben.» Doch als sie die richtige Antwort hörte, wurde sie sehr wütend.

«Du musst noch einmal kommen», sagte sie. «So leicht geht es nicht.»

«Die Bedingung war, dass ich nur einmal raten muss», entgegnete Ali, «doch um dich nicht zu enttäuschen, Poeteri, werde ich noch einmal kommen.»

Auch in dieser Nacht folgte Radjab der Poeteri, und diesmal prügelte er auf sie ein, bis ihr die Schultern bluteten und sie kaum noch weiterfliegen konnte.

«Jetzt musst du mir ein Rätsel geben, das niemand auf der Erde zu lösen vermag», sagte sie zur Hexe.

«Gut», sagte die Hexe. «Denk an meinen Kopf. Darauf wird er nie kommen.»

Die Poeteri flog zurück, und in ihrem Gemach angekommen, brach sie zusammen, so gründlich hatte Radjab sie mit dem Farn traktiert. «Nie wieder fliege ich zu dieser Kreatur», sagte sie zu sich und zerfetzte ihre goldenen Schwingen.

Radjab indes flog zum Hexenhaus zurück und pochte – *rat-a-tat-tat* – an die Höhlentür.

«Herein!», rief die Hexe aus dem Innern der Höhle, doch als sich niemand blicken ließ, steckte sie den Kopf aus der Tür. Darauf hatte Radjab nur gewartet. Mit einem einzigen Schwerthieb trennte er ihr den Kopf ab und stopfte ihn sich in die Tasche. Dann flog er zurück und legte sich neben Ali schlafen.

«Nimm meine Tasche mit», sagte er am nächsten Morgen zu Ali. «Wenn die Poeteri dich fragt, woran sie gerade denkt, dann hol hervor, was in der Tasche ist, und zeig es ihr.»

An diesem Morgen saß die Poeteri unruhig neben ihrem Vater. Ihre Schultern schmerzten sie sehr, und überhaupt hatte sie die ganze Raterei gründlich satt.

«Woran denke ich gerade?», fragte sie Ali.

Ali blieb stumm. Schon hob der Scharfrichter sein Beil und blickte erwartungsvoll auf die Poeteri. Doch ehe diese das Zeichen geben konnte, zog Ali den Kopf der Hexe aus der Tasche und zeigte ihn ihr. Mit einem lauten Freudenschrei stürzte sich die Poeteri in seine Arme.

«Jetzt hat das Raten ein Ende für dich. Du sollst mein Gemahl sein!»

Groß war die Freude des Sultans und seiner Untertanen, und unverzüglich wurde mit den Hochzeitsvorbereitungen begonnen. Doch als Ali seinen Gefährten Radjab bat, sein Hochzeitsbitter zu sein, wehrte dieser lächelnd ab.

«Wenn du mit der Poeteri im Palast lebst, dann werde ich schon längst an meinem eigenen Ruheplatz weilen, weit fort von hier», sagte er. «Jetzt, da ich meine Schuld beglichen habe, sollst du auch wissen, wer ich bin.»

«Aber wer bist du denn, und welches ist die Schuld, von der du sprichst?», fragte Ali voller Verwunderung.

«Ich bin der Geist jenes Mannes, dessen Gebeine du vor der Ruhestörung bewahrtest. Lebwohl, mein Freund. Ich darf nicht länger bei dir verweilen.»

Und noch ehe Ali ein Wort sagen konnte, war Radjab entschwunden.

Dann kehrte Ali heim zu seinem Vater und erzählte ihm alles, was er erlebt hatte.

Sultan Mahmud begleitete ihn ins Land der Poeteri zurück und nahm an der Hochzeit teil. Und nachdem er Ali als seinen Thronfolger eingesetzt hatte, starb er einen friedlichen Tod.

Der Ring des Königs

In dieser frei fabulierten Erzählung des Kinderbuchautors Jay Heale finden sich Anklänge an mythische afrikanische Königreiche wie etwa das großartige, sagenhafte Monomotapa. Die Illustration stammt von Neels Britz.

Es war einmal ein König – ein König mit einem Ring. In diesem Ring lag das ganze Geheimnis seiner Macht und Größe.

Der Ring war aus Gold von den Ufern des Nil, eingelegt mit Silber von den Ufern des Kongo und besetzt mit Diamanten von den Ufern des Sambesi – so jedenfalls ging die Legende, doch woher er genau kam, wusste niemand so recht zu sagen. Die Kraft des Rings war so groß, dass er jeden, der ihn trug, vor allen tödlichen Gefahren beschützte. Egal, wie viele Krieger mit Speeren und Beilen oder Pfeilen um die Ecke gestürmt kommen mochten, der König würde stets unverletzt bleiben – vorausgesetzt natürlich, er trug seinen Ring.

Deshalb trug der König den Ring, wo immer er war und was immer er tat – ob er an seinem Hof zu Gericht saß, ob er opulente Festessen gab, die den ganzen Tag andauerten, ob er in einem mit Straußenfedern geschmückten Prachtbett durch die Straßen seiner Stadt getragen wurde – selbst wenn er des Nachts im königlichen Schlafgemach ruhte, trug er ihn.

Der König trug den Zauberring tagtäglich zu jeder Stunde, außer beim Badezeremoniell. Da wurde der König zum kristallklaren Teich neben dem Wasserfall getragen. Dort verneigten sich alle seine Diener, seine Kinder und seine vielen Frauen tief vor ihm, ehe sie sich entfernten.

Wenn sie gegangen waren, legte der König seine Krone aus Gold und Elfenbein und Pfauenfedern ab, seinen Umhang aus Gold und Seide und Edelsteinen, seine Sandalen aus Ebenholz und Nashornleder und sein Gewand aus reinstem weißen Linnen. Und dann nahm er seinen Ring ab und verbarg ihn an einem Ort, der so geheim und so verschwiegen war, dass weder seine Diener noch seine Kinder, ja nicht einmal seine vielen Frauen auch nur die leiseste Ahnung hatten, wo er sich befand. Sobald er sein königliches Bad beendet hatte, war der Ring das Erste, was der König wieder anlegte, ehe er irgendjemandem erlaubte, sich ihm auch nur ein klein wenig zu nähern. Er hielt den Ring in hohen Ehren, denn der machte ihn zum mächtigsten König in ganz Afrika.

Doch eines Tages, als er dem königlichen Bad triefend entstieg, um in die Sonne zu treten, musste er feststellen, dass der Ring nicht an seinem Platz war. Zuerst erstaunt, dann voller Angst suchte der König das Versteck und alles rund herum ab – der Ring war und blieb verschwunden. Irgendjemand – jemand unter all seinen Dienern und seinen Kindern und seinen vielen Frauen – musste den geheimen Ort entdeckt und es gewagt haben, den Ring zu entwenden.

Der König tobte vor Wut. Aber er hatte auch Angst. Wenn er eine hohe Belohnung für das Wiederfinden des Ringes aussetzte, dann würde jeder wissen, dass er ihn nicht mehr hatte. Alle würden wissen, dass er nicht mehr gegen Unglück gefeit war. Sie würden wissen, dass er nicht mehr der mächtigste König in ganz Afrika war.

Tagelang saß der König da und machte sich Sorgen. Er ging in seinen Privatgemächern auf und ab; stundenlang starrte er zu Boden oder in den Himmel; er konnte nicht schlafen. Alle seine Frauen schüttelten bekümmert die Köpfe, und seine Kinder hielten sich von ihm fern. Schließlich überredete ihn seine Lieblingsfrau, ihr doch anzuvertrauen, was er denn habe. Unverzüglich machte sie sich auf den Weg zum weisesten aller Wahrsager, einem Mann namens Zafusa.

Mit wildem Augenrollen und klingelnden Armbändern sprang Zafusa in den Hof, wo der König gerade saß. Federbuschen tanzten und wogten in seinem Kopfschmuck, und Fellstreifen baumelten ihm von der Taille. Er sah aus wie ein gefiederter Leopard mit hundert Schwänzen. Schweigsam hörte er sich an, was der König ihm über den gestohlenen Ring erzählte.

Dann öffnete Zafusa einen der Lederbeutel, die an seinem perlenbesetzten Gürtel hingen, und holte ein paar Knochen hervor, die er immer benutzte, wenn er Antworten auf schwierige Fragen finden musste. Nachdem er im Sand einen Kreis geglättet hatte, hielt Zafusa die Knochen zum Himmel empor, stieß einen gellenden Schrei aus und ließ sie fallen. Aufmerksam untersuchte er das Muster, das sie auf dem Boden bildeten. Dann richtete sich Zafusa auf und blickte den König an.

«Euer Ring wird gefunden werden, Majestät», sagte er. «Der Dieb ist ganz in unserer Nähe.»

«Wer ist es?», wollte der König wissen.

Zafusa schüttelte den Kopf. «Ihr werdet schon sehen. Dazu bedarf es keiner Magie. Lasst Eure Holzfäller kommen.»

Der König tat sofort, wie ihm geheißen, und Zafusa erklärte den Holzfällern, was zu tun sei. Am nächsten Tag in der Morgendämmerung wurden alle, die möglicherweise irgendeine Gelegenheit gehabt hatten, den Ring zu stehlen, auf dem großen Platz vor dem Palast zusammengerufen.

Der König erschien oben auf den Stufen, die vom Eingangstor hinunterführten, und blickte zunächst eine ganze Weile schweigend auf die Menschen, die sich vor ihm verneigten. Dann klatschte er in die Hände, worauf Soldaten mit spitzen Speeren erschienen und den ganzen Platz umzingelten, so dass niemand entkommen konnte. Aus einem engen Gang tauchte Zafusa auf, der mit seinen weißen Ringen um beide Augen und seltsamen dunklen Mustern auf dem Körper Schrecken erregender wirkte denn je zuvor. Ihm folgten die Holzfäller mit einer großen Anzahl gerader Holzstöcke. Sie schichteten die Stöcke in der Mitte des Platzes auf.

Zafusa vollführte einen Tanz um die Stöcke, wobei er in einer Sprache sang, die niemand zuvor je gehört hatte, und selbst dem kleinsten Kind war klar, dass er einen Bann über die Stöcke sprach. Schließlich bekam auf des Königs Befehl jeder auf dem Platz einen Stock ausgehändigt.

«Aufgepasst!», rief Zafusa mit Donnerstimme. «Diese Stöcke besitzen große Zauberkraft. Verliert sie nicht. Behaltet sie den ganzen Tag bei euch. Bringt sie morgen bei Tagesanbruch hierher. Wenn die Sonne aufgeht, werden wir klüger sein.»

Zauberstöcke! Alle Anwesenden waren erstaunt – die Stöcke sahen doch aus wie alle anderen. Sie verglichen Stock für Stock – alle waren gleich. Einige waren etwas dicker oder dünner, aber alle hatten sie dieselbe Länge. Tatsächlich hatten sie sogar *genau* dieselbe Länge. Wie seltsam!

Die Wachen traten beiseite, und die Diener, Kinder und Frauen durften sich entfernen – natürlich dem König zugewandt, denn niemand durfte ihm je den Rücken kehren. So bemerkten sie denn auch alle, wie der König seine Lieblingsfrau zu sich heranwinkte.

Als sie vor ihm niederkniete, flüsterte er ihr ins Ohr: «Der Dieb ist so gut wie gefasst. Der Stock wird ihn überführen. Heute Nacht wird der Stock des Diebs um drei Fingerbreit länger werden. Aber erzähl das bloß niemandem weiter.»

Als er durch das geschnitzte Tor in den Palast zurückkehrte, drängten sich alle Frauen, Kinder und Diener um die Lieblingsfrau, um zu erfahren, was der König gesagt hatte. Die Lieblingsfrau aber war sehr umsichtig. Keinem von ihnen sagte sie auch nur ein Sterbenswörtchen – keinem, außer ihrer allerbesten Freundin. Diese Freundin war ebenfalls eine überaus vertrauenswürdige Frau, und so erzählte sie es denn auch nur ihrer Mutter und ihrer weisen alten Tante weiter. Das Seltsame aber war, dass an diesem Abend bei Sonnenuntergang jeder, der auf dem Platz gewesen war, wusste, dass der Stock des Diebs bis zum Morgengrauen um drei Fingerbreit gewachsen sein würde.

Die Nacht kam so schnell und lautlos, wie sie es immer zu tun pflegte. Als die ersten Töne des Morgenrots anzeigten, dass die Nacht vorüber war, versammelte sich die Menge wieder auf dem Platz, und jeder hatte seinen Stock dabei.

Die Sonne stieg langsam am Himmel empor, und plötzlich stand Zafusa da, mit einem funkelnden Speer in der Hand, und starrte wütend auf die Menge. Der König wurde auf seinem Reisebett mit den Straußenfedern aus dem Palast getragen. Neben ihm schritt, bewaffnet mit seinem Mess-Stab, der Oberbaumeister des Reichs.

Stock für Stock wurde vermessen, rund um den ganzen Platz. Keiner war auch nur um einen Fingernagel breit länger geworden. Doch *einen* Stock gab es – er wurde von einem schwitzenden Diener mit flackerndem Blick in den Augen getragen –, der war genau um drei Fingerbreit *kürzer* als alle anderen.

«Das ist der Dieb!», schrie Zafusa gellend und sprang hoch in die Luft, wobei er seinen Speer hin und her schwenkte.

«Packt ihn!», donnerte der König die königlichen Wachen an. «Werft ihn den Löwen zum Fraß vor.»

Der Dieb vergaß auf der Stelle, dass der Ring ihn ja beschützte: Er fiel auf die Knie und flehte heulend um sein Leben. Er zog den Ring von der Hand hinter seinem Rücken, gab ihn dem König und bettelte, noch immer heulend, um Gnade. Der König aber war so beglückt, wieder seinen Ring zu haben und der mächtigste König in ganz Afrika zu sein, dass er die Bitte erfüllte und die königlichen Löwen um ihr Frühstück brachte.

Der Dieb wurde freigelassen – aber eine kleine Strafe bekam er doch. Er musste nämlich dreimal um die ganze Stadt rennen, immer mit den Kindern auf den Fersen, die dabei für ihre Stöcke eine *ganz* andere Verwendung fanden.

«Wie hast du das nur zuwege gebracht?», fragte der König, als er sich in seinen Privatgemächern ausruhte, während Zafusa dastand und zusah, wie ein Sack voll Gold nach dem anderen aus der königlichen Schatzkammer hereingeschleppt wurde. «Dein Zauber muss noch stärker sein als der Zauber des Rings.»

«Keineswegs», entgegnete Zafusa. «Ich sagte Euch doch, dass es dazu keiner Magie bedürfte. Wir brauchten nur einen wirklich Schuldigen. Der Mann wusste nur allzu gut, dass er der Dieb ist, weshalb er überzeugt war, sein Stock sei in der Nacht *tatsächlich* um drei Fingerbreit länger geworden. Also kürzte er ihn um genau dieses Stück und glaubte, niemand würde es bemerken.»

Zafusa schnürte die Säcke voller Gold in ein Schaffell, das er in weiser Voraussicht mitgebracht hatte, und verneigte sich einmal vor dem König.

«Vergesst nie, Majestät, es gibt mehr als nur eine Art von Zauber.»

Der schlaue Schlangenbeschwörer

Diese unterhaltsame Geschichte über einen gewitzten, draufgängerischen Schlangenbeschwörer kommt aus Marokko. Auch hier müssen drei Rätselfragen beantwortet werden. Die Illustration stammt von Jean Fullalove.

Sultan Jadi – gesegnet sei sein Name – langweilte sich in seinem Palast zu Tode. Deshalb ließ er seinen Fiedler Mohammed kommen. Ein paar Tage lang fand er Vergnügen daran, dem Fiedler zu lauschen, ja, er begann sogar wieder zu lachen und Witze zu machen. Doch schon bald war er des Fiedlers überdrüssig und ließ dem armen Kerl kurzerhand den Kopf abschlagen.

Dann ließ er Joseph, seinen Harfenspieler, kommen. Doch es dauerte nicht lange, da klangen ihm die Harfentöne wie Katzenmusik in den Ohren, und so ließ er auch dem Harfenspieler den Kopf abschlagen.

Noch sehr viel mehr Männer kamen zum Sultan, um ihn aufzuheitern, doch sein Vergnügen währte jedes Mal nur kurze Zeit. Dann wurde er wieder rastlos und gereizt und rief seine Soldaten, die die Unglücklichen wegschleppten und enthaupteten.

Es wurde so schlimm, dass jeder in der Stadt nur dasaß und zitterte. Jeder fragte sich, ob er als Nächster in den Sultanspalast bestellt werden würde, nur um ein paar Tage später durch das Schwert zu sterben. Bald begann eine allgemeine Flucht: Die Märchenerzähler, die Musiker, die Tänzer, die Gaukler – alle verließen sie die Stadt, in der der mächtige Sultan lebte.

Doch eines Morgens kam Selham, der Schlangenbeschwörer, zum Palast, trat unerschrocken vor die Wachen hin und sagte ihnen, er bitte um die Gunst, den Sultan unterhalten zu dürfen. Sie brachten ihn vor ihren Herrn, und der betrachtete Selham voller Interesse, diesen Mann, der die Flöte spielte, während die Schlangen aus seinem Sack gekrochen kamen und sich ihm um Hals und Beine wanden.

Doch es dauerte nicht allzu lange, da langweilte sich der Sultan schon wieder und wurde gereizt. Er hatte keine Lust mehr, dem Flötenspieler und seinen Schlangen noch länger zuzuschauen. Als Selham an diesem Abend seine Flöte und seine Schlangen zusammenpackte, um sich zu verabschieden, sagte der Sultan: «Mein Freund, ich habe genug von deinem Flötenspiel und deinen Schlangen. Ich werde meinem Diener den Befehl geben, dir den Kopf mit dem Schwert abzuschlagen.»

«Herr», entgegnete Selham, «es geschehe, wie Ihr sagt. Doch gebt mir noch eine Chance. Wenn Ihr Euch dazu bereit erklärt, so sollt Ihr es nicht bereuen.»

«Nun gut», sagte der Sultan, «das will ich gerne tun. Doch du musst dir deine Chance auch verdienen. Dein Leben sei dir geschenkt, wenn es dir gelingt, morgen beritten und gleichzeitig zu Fuß zum Palast zu kommen. So lautet mein Befehl. Wer meinen Befehlen nicht gehorcht, der wird durchs Schwert gerichtet.»

Selham verneigte sich und ging fort. Früh am nächsten Morgen stand der Sultan auf der Terrasse vor seinem Palast, um die Ankunft des Schlangenbeschwörers zu erwarten. Als die Palasttore sich öffneten, kullerten dem Sultan fast die Augen aus dem Kopf, und er war völlig sprachlos. Selham kam auf dem Rücken des kleinsten Esels, den der Sultan je gesehen hatte. Der Esel war so klein, dass Selhams Füße auf beiden Seiten den Boden berührten. So, wie er da auf den Sultan zukam, ritt er auf dem Esel, doch gleichzeitig ging er zu Fuß.

«Sehr gut», sagte der Sultan, «du hast meinen Befehl ausgeführt. Aber das ist noch nicht alles. Wenn du nicht willst, dass ich dich dem Mann mit dem Schwert übergebe, dann musst du mir drei Fragen beantworten. Hier ist die erste: Wie viele Sterne gibt es am Himmel?»

«Herr», entgegnete der Schlangenbeschwörer, «es sind genauso viele Sterne am Himmel wie Haare auf meinem Esel, den Schwanz nicht mitgerechnet. Ihr könnt selber nachzählen.»

«Sehr gut», sagte der Sultan. «Jetzt sag mir: Auf welchem Teil der Erde sind wir?»

«In der Mitte.»

Der Sultan lachte und sagte: «Wie viele Haare sind in meinem Bart?»

«Genauso viel wie am Schwanz meines Esels. Schneidet Euch den Bart ab, und ich werde meinem Esel den Schwanz abschneiden. Dann können wir gemeinsam zählen.»

Schließlich gab sich der Sultan geschlagen. «Nein», sagte er, «du bist einfach zu schlau. Es gibt keine Frage, die du nicht zu beantworten weißt.»

Er winkte einem seiner Höflinge und schickte ihn, etwas zu holen. Der Mann kam zurück und drückte Selham einen Sack voll Gold in die Hand.

Der Schlangenbeschwörer verneigte sich tief vor dem Sultan und ging nach draußen zu seinem kleinen Esel.

Wieder stieg der Sultan auf seine Terrasse, um den schlauen Mann durch die Palasttore zu Fuß wegreiten zu sehen. Ja, Selham zog auf dem kleinsten Esel von dannen, den der Sultan je gesehen hatte.

Asmodeus und der Geisterabfüller

In dieser modernen Erzählung von Alex d'Angelo über die alten Zeiten in der Kap-Provinz begegnet der Leser dem Pechvogel Asmodeus, einem Jungteufel, der aus der Hölle entsandt wurde, um am Kap eine Filiale zu eröffnen. Die Illustration stammt von Geoffrey Walton.

«Ich will Asmodeus endlich loswerden», sagte der Kap-Gouverneur zum Scheich. «Solange er frei herumläuft, macht er uns viel zu viel Scherereien.»

Der Scheich strich sich über den Bart und lächelte.

«Nun, da sind Sie bei mir genau an den Richtigen geraten», sagte er. «Ich habe zu meiner Zeit viele Kobolde, Dschinnen und Wüstengeister in Flaschen abgefüllt; einer mehr dürfte nicht allzu schwierig sein.»

Der Gouverneur war beeindruckt. Jeder kennt ja Geschichten von Fischern, die Zauberflaschen voller Dschinnen öffnen – aber wenn man's recht bedenkt, dann ist das Herauslassen der Geister ein Kinderspiel; die Tücke besteht darin, sie hineinzubekommen.

Der Gouverneur wurde mit dem Scheich handelseinig, und dieser ließ sich eine Spezialflasche anfertigen. Sie bestand aus sehr dickem, grünem Glas und war von einer Kupferverkleidung eingefasst, die an manchen Stellen das Glas durchscheinen ließ. Der Scheich war kein Unmensch – von ihm aus konnte Asmodeus durchaus ein oder zwei Fenster haben. Außerdem hielt er es für eine gute Idee, potenziellen Öffnern der Flasche zunächst einen Blick ins Innere zu gestatten, so dass sie sehen konnten, was sie da vor sich hatten.

Als die Flasche fertig war, tauchte der Scheich ihren Hals in heißes Wasser, bis dieser sich so sehr geweitet hatte, dass er einen billigen Kupferring hineinfallen lassen konnte. Durch das Abkühlen zog sich der Hals wieder auf seine normale Größe zusammen, so dass der Ring sich nicht mehr aus der Flasche herausschütteln ließ.

Um das auszuprobieren, lief der Scheich immer wieder um die Hänge der Teufelsspitze herum und versuchte, den Ring herauszuschütteln, wobei er vor sich
hin jammerte.

Klapper-klapper-klapper machte der Ring in der Flasche. Der Scheich jammerte
den ganzen Morgen über und auch noch den halben Nachmittag lang, bis Asmodeus von dem Lärm genug hatte und aus dem Boden gefahren kam,
um sich zu beschweren.

«So, jetzt reicht's mir aber!», knurrte er wütend. «Was soll
denn dieses ganze Scheich-Geklapper-und-Geklimpere, hä?»
Der Scheich warf sich demütig zu Boden.

«Oh, Teufel!», begann er. «Ich habe eine Flasche, in der
steckt ein Zauberring. Bekäme ich ihn nur heraus, wären alle
meine Schwierigkeiten beseitigt. Doch schau nur, er will einfach
nicht rauskommen!»

Bei der Erwähnung eines Zauberrings spitzte Asmodeus seine Fledermausoh-
ren. Er dachte daran, wie leicht es für ihn doch wäre, die Kap-Hölle mit Hilfe
eines Zauberrings zu verwalten. «Nie mehr schaufeln», dachte er bei sich. «Nie
mehr mitten in der Nacht den Kessel schüren. Eine ganze Legion von Kobolden
könnte das für mich besorgen!»

«Gib her!», schnauzte Asmodeus und schnappte nach der Flasche. «Äh… ich
hol ihn dir raus», setzte er hinzu, um den Schein zu wahren.

Asmodeus hielt die Flasche hoch und linste durch den Hals hinein. Ja, da war
tatsächlich ein Ring drin.

Er schüttelte die Flasche. Nein, der Ring kam nicht heraus.

Asmodeus steckte einen langen Finger hinein. *Kratz-kratz-kratz* machte seine
Kralle auf dem Glas. Ein paar Mal angelte er den Ring, aber er schaffte es nicht,
ihn durch den Flaschenhals zu ziehen. Immer wieder verklemmte sich der Ring
am Halsansatz und entglitt seiner Klaue.

Es gab nur eine einzige Lösung.

«Es gibt nur eine einzige Lösung», sagte Asmodeus. «Ich geh hinein und hol
ihn raus. Wenn ich ihn erst mal habe, kann ich ihn entmaterialisieren und mit
mir wieder herausbringen. Hier, halt die Flasche.»

Asmodeus ging ein paar Schritte den Abhang hinauf und passte sich der
Größe der Flaschenöffnung an.

«Bei diesen Sachen muss ich mich immer erst ein bisschen warmlaufen», gestand er.

Im Nu war er zu einem Rauchschwaden zusammengeschrumpft und schoss in die Flasche hinein. Drinnen erschien Asmodeus in winziger Gestalt und hob ächzend vor Anstrengung den Ring auf.

Im selben Augenblick wusste Asmodeus auch, dass der Ring nicht die geringste Zauberkraft besaß.

«In dieser Flasche ist ja überhaupt nichts Magisches!», beschwerte er sich.

«Oh doch!», brüllte der Scheich, indem er den Hals fest mit einem Korken verschloss.

Asmodeus tobte vor Wut, als er merkte, dass er in eine Falle gegangen war. Er begann in der Flasche herumzusausen, wobei er immer wieder von ihren Wänden und dem Korken abprallte, so dass der Scheich sich die Flasche in gebückter Haltung fest an die Brust drücken musste, denn sonst wäre sie seinem Griff wohl entglitten. Er verspürte kleine elektrische Schläge in den Fingern, ab er ließ nicht locker, bis Asmodeus sich beruhigt hatte.

«Und was jetzt?», piepste Asmodeus schließlich. Seine Stimme klang ganz leise durchs Glas, wie das Summen eines Insekts.

Er hatte sich durchaus nicht mit seinem Schicksal abgefunden, denn in einer Flasche gefangen zu sein, war nichts Neues für Asmodeus. Viele ältere Dämonen in der Zentrale waren unversehens in diese Falle gegangen und hatten hundert oder auch zweihundert Jahre Flaschendienst ableisten müssen – eine ideale Schule der Selbstgenügsamkeit, wie es hieß.

«Du musst da drinnen bleiben, bis jemand dich rauslässt», sagte der Scheich. «Und die Regeln besagen, dass du deinen Befreiern bis ans Ende ihrer Tage dienen musst», fügte er hinzu.

«Aber nicht da, wo ich herkomme!», schrie Asmodeus empört. «Bei uns heißt es: ‹Drei Wünsche und du bist frei!›»

«Nun, du kannst deine Bedingungen ja mit dem Gouverneur aushandeln», sagte der Scheich. «Denn zu dem bringe ich dich jetzt hin.»

Er begann den Berg hinabzusteigen, und Asmodeus versuchte sich krampfhaft an den glatten Wänden der Flasche festzuhalten, während er hin und her schaukelte.

Es dauerte eine ganze Weile, ehe er wieder sprechen konnte.

«Das ist keine gute Idee!», piepste Asmodeus. «Ich kenne den Gouverneur. Er wird dich umbringen lassen, um das Geheimnis seiner Macht zu bewahren. Wahrscheinlich wird das sein erster Auftrag für mich sein.»

Der Scheich verlangsamte seine Schritte und überlegte. Ja, wenn er's recht bedachte, dann sprach in der Tat einiges dafür, dass der Gouverneur gefährlich werden konnte. Ihm wäre sicher nicht daran gelegen, dass Gerüchte über seine Zauberflasche zu seinen Vorgesetzten, dem Rat der Siebzehn, drangen.

Der Scheich seufzte. Der Gouverneur hatte ihm eine Menge Geld versprochen, aber was nutzte einem Geld, wenn man nicht lebendig war und es ausgeben konnte?

«Alles in allem ist es wohl besser, ich schmeiß dich einfach ins Meer», sagte er zu Asmodeus. «Wenn ich dich los bin, könnte ich immerhin etwas Geld vom Gouverneur bekommen, ohne ihm einen Vorwand zu liefern, mich ermorden zu lassen.»

Über die Vorstellung, irgendjemand könnte auf Geld vom Gouverneur hoffen, musste Asmodeus so herzhaft lachen, dass er eine ganze Weile brauchte, bis ihm klar wurde, was der Scheich ihm da gerade angedroht hatte.

«He! Moment mal!», piepste er. Doch der Scheich konnte einen erstaunlichen Schritt zulegen, wenn er einen gefangenen Flaschengeist in Händen hielt und schon fast am Strand war.

«Ich meine, warum lässt du mich nicht einfach raus?», heulte Asmodeus. «Ich nütze dir überhaupt nichts, wenn du mich nicht beim Gouverneur ablieferst, und niemand sonst wird einen unbekannten Dämon erwerben wollen.»

«Du würdest mich in Stücke zerreißen, wenn ich dich rausließe», keuchte der Scheich.

Er holte weit aus, um die Flasche in die wogende Brandung zu werfen.

«Besten Dank auch!», brüllte Asmodeus sarkastisch, während er am Glas kratzte. «Mit der Warnung vor dem Gouverneur hab ich dir gerade das Leben gerettet!»

«Ich bin dir zutiefst verbunden», versicherte ihm der Scheich würdevoll und schleuderte die Flasche so weit hinaus, wie er konnte.

Die Wogen donnerten über Asmodeus' Flasche hinweg; er rollte sich zusammen und hüpfte wie ein Gummiball hin und her, während sein gläsernes Gefängnis in der Brandung tanzte.

Asmodeus hatte gehofft, er würde an der Wasseroberfläche treiben, doch das Kupfer zog die Flasche nach unten, bis sie von den Wellen verschlungen wurde.

Unter dem Druck begannen Asmodeus die Ohren zu klingeln. Dumpfes Gedonnere und schabendes Gescharre hallte durch die Flasche. Es wurde immer dunkler und kälter da drinnen, bis Asmodeus in pechschwarzer Finsternis saß und zitternd seine Knie mit den Armen umklammerte.

Immer wieder wurde er von einer vereinzelten Meeresströmung oder einem Blauhai gegen das kalte Glas geschleudert.

Asmodeus begann zu pfeifen, um sich aufzumuntern, doch der Klang verhallte flach und dumpf in seinem Glasgehäuse, und so gab er es bald auf.

Schrubb-schrubb-schrubb rutschte die Flasche auf dem Sand entlang.

Asmodeus vermochte nicht zu sagen, ob er einen Tag, eine Woche oder ein Jahr lang so dagesessen hatte, auf jeden Fall war er zu Tode gelangweilt, als sich die Flasche in einem Netz verfing.

Durch Schichten von immer heller werdendem Grün wurde er nach oben gehievt, bis das Sonnenlicht so grell durch das dicke Glas zu ihm hereindrang, dass er sich die Augen zuhalten musste. Von überall her waren schrille Möwenschreie zu hören, die seinen Ohren wehtaten.

«Yusuf! Yusuf! Schau mal, was ich gefunden habe!», rief ein Fischer und hielt die Flasche in die Sonne.

Zwei kleine gelbe Augen starrten ihn an. *Kratz-kratz-kratz* machten Asmodeus' Nägel.

«Eine kleine rote Languste», sagte Yusuf, der andere Fischer. «Die verkriechen sich gerne in Flaschen und in allem, was glänzt.»

«Nein, das stimmt nicht! Ich bin's, Asmodeus!», piepste Asmodeus. «Lasst mich raus und ich erfülle euch einen Wunsch.»

Die Fischer waren überrascht, aber dumm waren sie nicht.

«Hier steht, dass du auf ewig mein Diener sein musst», sagte der junge Fischer, als er die Inschrift auf dem Kupferrand der Flasche las.

«Also gut, ich erhöhe auf drei Wünsche, einverstanden? Aber jetzt lass mich raus», knurrte Asmodeus.

«Das steht hier aber nicht drauf», betonte der Fischer nachdrücklich, und Asmodeus bekam es mit der Angst zu tun. Die Gesetze der Magie sind ehern, und wenn der Fischer auf seinen Rechten bestand, dann wäre Asmodeus jahrzehntelang ein Sklave, ja sogar für alle Zeiten, falls der Fischer sich ein ewiges Leben wünschte.

«Du könntest mich zum Kaiser der Welt machen!», jubelte der junge Fischer.

«Du spinnst wohl!», höhnte Asmodeus. «Wenn ich in der Lage wäre, dich zum Kaiser der Welt zu machen, glaubst du, ich säße dann hier in dieser Flasche fest?»

«Er könnte uns Reichtümer verschaffen, die unsere kühnsten Träume übersteigen!», sagte der ältere Fischer und stierte in die Flasche.

«Einverstanden», entgegnete Asmodeus listig. «Aber ich schlage vor, dass ihr euch erst darüber einigt, wessen Diener ich sein soll. Wer von euch beiden den Korken herauszieht, der ist mein Chef, merkt euch das. Der andere zählt nicht.»

«Du gehörst mir», sagte der junge Fischer und machte sich an dem Pfropfen zu schaffen. «Ich hab dich gefunden.»

«Aber ich bin der Ältere und Klügere», sagte Yusuf, indem er nach der Flasche schnappte. «Wenn er auf mein Wort hört, dann ist das für uns beide von Nutzen.»

Die Fischer zerrten an der Flasche, während Asmodeus sie noch weiter anstachelte. Schon bald begannen sie ernsthaft zu raufen, und das Boot schwankte wie eine Nussschale hin und her.

Da seine Flasche auf den Planken umherrollte, konnte Asmodeus nichts erkennen außer nackten Füßen, die in einem Haufen silbriger Fische nach allen Seiten traten, aber er wurde nicht müde, die Kämpfenden anzufeuern – erst den einen, dann den anderen –, denn er hoffte, das Boot würde kentern. Allerdings war es eine malaiische Prau* mit Auslegern, die gar nicht daran dachte umzuschlagen.

Schließlich waren die beiden Fischer so erschöpft, dass sie nur noch dasaßen und sich gegenseitig über die Flasche hinweg anstarrten.

«Du hast eine blutige Nase», sagte Yusuf. «Das tut mir Leid, Bruder.»

«Das Mitleid wird dir schon vergehen, wenn du erst dein blaues Auge siehst», gab der junge Fischer zurück.

«Diese Flasche hat uns bisher nichts als Kummer und Gewalt eingetragen»,

---

* Malaiisches Segelboot mit Auslegern

151

sagte Yusuf und rieb sich das Auge. «Siehst du, wie dieser kleine Teufel da drinnen sitzt und sich grinsend an unserem Kampf ergötzt? Es wird nur noch schlimmer werden, wenn er erst dein Diener ist – oder meiner.»

«Einen Bruder zu verlieren, ist ein zu hoher Preis, egal, was man dafür bekommt», stimmte der junge Fischer zu. Sie hoben die Flasche auf und warfen Asmodeus über Bord zurück ins Meer.

Der wusste nicht recht, ob er lachen sollte, weil er der Sklaverei entkommen, oder darüber weinen, dass er wieder unten auf dem Meeresgrund war.

Asmodeus presste das Gesicht gegen das kalte Glas. Diesmal war er in einem Wald aus Seetang gelandet, was ihm nur eine begrenzte Aussicht bot: grünliche Felsen, Seegras-Dschungel und gemächlich treibende Abalonen*. Er durfte kaum auf ein Netz hoffen, das ihn hier herausfischen würde.

Knirsch-knirsch-knirsch machte die Flasche auf den Felsen am Meeresboden.

Eine Napfschnecke dockte an einem der beiden Flaschenfenster an. «Hau ab!», brüllte Asmodeus, doch sie saugte sich fest und starrte ihn wochenlang mit ihrem scheußlichen Blick an.

Ein kleiner Krake versuchte die Flasche zu öffnen, und Asmodeus machte sich so appetitanregend, wie es nur ging, doch die Fangarme des Kraken waren zu weich, um den Verschluss zu öffnen.

Allerdings fand er Gefallen an der glänzenden Flasche und hielt die Kupferverkleidung noch immer liebevoll umklammert, als er plötzlich mit seinen anderen Armen nach einer Köderschnur langte und nach oben gehievt wurde.

«Wir haben einen Kraken gefangen», riefen ein paar Fischer. Diesmal waren es Holländer, die die arabische Inschrift nicht entziffern konnten.

«Und er selbst hat auch etwas gefangen», fügten sie hinzu.

«Ja, die mögen Glitzerzeugs», sagte Asmodeus, wobei er sich bemühte, möglichst wie ein Fischer zu klingen.

«Das stimmt», bekräftigten die Fischer, die alle glaubten, einer von ihnen hätte gesprochen.

«Wir können ja einen Hummerkorb damit beködern», schlug Asmodeus vor, «vielleicht funktioniert das auch mit Langusten.»

---

* Verschiedene essbare Arten von Meeresschnecken (*Haliotis*), insbesondere das Südafrikanische Meerohr (*Haliotis midae*)

«Gute Idee», stimmten die Fischer zu, und Asmodeus' Flasche wanderte wieder zurück auf den grünen Meeresgrund, diesmal in einem Hummerkorb aus Weidengeflecht, der auch eine ganze Ladung Fischköpfe enthielt.

Damals gab es dort noch viele Langusten, und so dauerte es auch gar nicht lange, bis eine von ihnen in den Korb hineinstakste.

Sie umklammerte die Flasche und riss an der Kupferverkleidung.

«Nein! Nein, du Dummkopf!», schrie Asmodeus und machte die tollsten Luftsprünge. «Diese Seite! Diese Seite! Hol den Stöpsel raus!»

Er zwängte sich in den Flaschenhals und kratzte wie wild mit den Fingernägeln auf dem Glas herum.

Jetzt wandte die Languste ihre Aufmerksamkeit dem Kupferrand rings um den Propfen zu; Asmodeus spreizte die Beine und stemmte sich mit aller Macht nach oben. Eine ausgewachsene Kap-Languste kann mit den Kiefern eine Münze verbiegen und mit den Zangen Muscheln aufbrechen. Asmodeus war ganz außer sich vor Erregung, als das Kupfer abzubröckeln begann.

Doch schon schnellte der Korb wieder nach oben. Asmodeus ächzte und stöhnte, als das Wasser immer heller wurde und er zusammen mit der Languste auf die sich wiegenden Seetangblätter zusteuerte.

«Grrrrrrrrrrrrr», fauchte er, so laut er konnte, wobei ihm weißer Dampf aus den Ohren trat. Einer Gewehrkugel gleich knallte der Pfropfen aus dem Flaschenhals, Asmodeus sauste durch die Öffnung und schoss – jetzt wieder in voller Größe und eingehüllt in eine Wolke aus Dampf und zertrümmertem Korbgeflecht – steil in den Himmel hinauf.

Die Fischer saßen sprachlos da, als rings um sie Weidenstückchen und Glassplitter herniederprasselten. Mit den Blicken verfolgten sie Asmodeus, der auf die Teufelsspitze zuraste.

Der am übelsten Zugerichtete fuhr sich mit der Hand über den blutigen Schnitt auf der Wange, der von der explodierenden Flasche herrührte. «Hm», meinte er, «ich bin nur froh, dass wir diese Flasche nicht aufgemacht haben. Ich glaub, das war Asmodeus.»

«Ich hab mich immer schon gefragt, was eigentlich aus ihm geworden ist», sagte der andere, dem sich ein Weidenring um den Hals gelegt hatte.

«Habt ihr gesehen, dass er unsere Languste dabeihatte», fragte der Steuermann unter seinem zerfetzten Hut hervor.

«Ein raffgieriger Teufel», lautete ihre einhellige Meinung. Und dann beköderten sie einen neuen Korb.

In der Kaphölle war alles mehr oder weniger noch beim Alten, wie Asmodeus zu seiner großen Erleichterung feststellen konnte.

Er räumte etwas Bodensatz aus der heißen Quelle weg, dann machte er sich auf die Suche nach dem Scheich. Doch der Scheich war ein vernünftiger Mann und hatte sich längst auf einer Feluke* nach Sansibar eingeschifft.

Das Flaschenerlebnis war für Asmodeus also eigentlich ganz ohne Folgen geblieben, nur dass er jetzt die Angewohnheit hatte, ständig vor sich hin zu murmeln, und dass die große Languste in einem Wasserbecken neben seinem Schreibtisch lebte.

Niemand konnte verstehen, weshalb er immer wieder kleine Fischstückchen in das Becken fallen ließ und dabei murmelte: «Euer leisester Wunsch, o Herr, ist mir der strengste Befehl» – doch dafür, so wurde vermutet, musste er wohl seine Gründe haben.

---

* Kleines zweimastiges Küstenfahrzeug mit Rudern oder Lateinsegeln

Sakunaka, der hübsche junge Mann

Dieses Shona-Märchen hörte Hugh Tracey ursprünglich
in der Sprache der Karanga. Die Illustration
stammt von Padraic O'Meara.

Es war einmal eine Witwe, die hatte einen hübschen Sohn. Sein Name war Sakunaka Mugwai. Sie wollte nicht, dass er je heiratete, denn dann würde er mit seiner Frau weggehen und sie ganz allein zurücklassen. Als er heranwuchs, musste er ihr also versprechen, kein Mädchen zu heiraten, das etwas von dem essen würde, was sie gekocht hätte. Die Witwe aber war eine sehr gute Köchin, und jeder war froh, wenn er von ihrem Essen kosten durfte.

Es dauerte gar nicht lange, da hatte sich der Ruf dieses jungen Mannes überall im Lande herumgesprochen, und von nah und fern kamen junge Mädchen, um Sakunakas Schönheit mit eigenen Augen zu sehen. Bei ihrer Ankunft im Dorf wurden sie von seiner Mutter mit den Worten begrüßt: «Mädchen, ihr habt einen weiten Weg hinter euch und müsst hungrig sein. Ich werde euch etwas Brei machen.»

«Danke, Mutter», sagten sie dann, und wenn sie das Essen gekocht hatte, verzehrten sie es dort unter den Bäumen, draußen vor dem Dorf.

Dann ging Sakunakas Mutter zur Hütte ihres Sohns, stellte sich vor die Tür und sang:

Sakunaka, mein Sohn!
    Da sind ein paar Mädchen für dich.
Mutter, was hast du gekocht?
    Brei, mein Sohn, Mugwai.
Aßen sie davon?
    Ja, ja, mein Sohn.
Dann schick sie alle fort.

Und also schickte Sakunakas Mutter die Mädchen fort.

Mehrere Gruppen von Mädchen kamen ins Dorf, um den hübschen jungen Mann zu sehen, und jedes Mal bot Sakunakas Mutter ihnen zu essen an, und sie ließen sich bewirten. Jedes Mal sang sie ihr Lied, und jedes Mal sagte ihr Sakunaka, sie möge die Mädchen fortschicken.

Einer Gruppe von zehn Mädchen aber war aufgefallen, dass jede, die von dem Essen kostete, das seine Mutter zubereitet hatte, fortgeschickt wurde und Sakunaka nicht zu Gesicht bekam. Deshalb heckten sie einen Plan aus. Sie würden sich ihr eigenes Essen mitbringen, es im Busch nahe beim Dorf verstecken und es heimlich zusammen verzehren.

Als sie zum Dorf kamen, begrüßte Sakunakas Mutter sie mit den Worten: «Mädchen, ihr habt einen weiten Weg hinter euch und müsst hungrig sein. Ich werde euch etwas Brei machen.»

«Nein, Mutter, danke. Wir haben keinen Hunger», sagten die Mädchen.

«Oho!», sagte die Mutter. «Ihr müsst aber müde sein und wollt sicher schlafen.» Sie zeigte ihnen eine Hütte, wo sie die Nacht über bleiben konnten, denn sie war überzeugt, am Morgen würden sie bestimmt hungrig sein. Doch in der Nacht standen die Mädchen auf, verließen die Hütte und gingen in den Busch, wo sie ihre Vorräte versteckt hatten. Sie verzehrten ihr Mahl und kehrten zur Hütte zurück.

Früh am nächsten Morgen ging Sakunakas Mutter zu ihrer Hütte und sagte: «Nun müsst ihr aber wirklich hungrig sein, Mädchen. Hier habe ich euch etwas Brei mitgebracht.»

«Nein, Mutter, danke», sagten die Mädchen. «Wir haben keinen Hunger.»

«Ach, du meine Güte!», rief die Mutter. «Was soll ich nur machen? Sie wollen nichts von meinem Essen haben!»

Einen weiteren Tag lang ließ sie die Mädchen im Schatten außerhalb des Dorfs sitzen und noch einmal in derselben Hütte schlafen. In der Nacht gingen sie wieder nach draußen, um ihr Essen zu verzehren, und kehrten dann zur Hütte zurück.

Früh am nächsten Morgen kam Sakunakas Mutter wieder zu ihrer Hütte und sagte: «Nun müsst ihr aber wirklich hungrig sein, Mädchen. Hier habe ich euch euren Brei mitgebracht.»

«Nein, Mutter, danke. Wir haben keinen Hunger.»

«Oh weh, oh weh!», jammerte Sakunakas Mutter. «Was soll ich jetzt nur machen?»

Sie ging zur Hütte ihres Sohnes und sang wieder:

Sakunaka, mein Sohn!

    Da sind ein paar Mädchen für dich.

Mutter, was hast du gekocht?

    Brei, mein Sohn, Mugwai.

Aßen sie davon?

    Nein, nein, mein Sohn!

Dann bitte sie herein.

«Ach, mein Sohn!», klagte sie. «Jetzt sind meine Tage gezählt. Jetzt muss ich fortgehen und sterben!»

«So gehe denn, Mutter», entgegnete er, «wenn dies dein Wille ist.»

Sakunakas Mutter packte all ihre Habseligkeiten in einen Korb und ging zu einer Hütte weitab im Busch, um dort zu sterben.

Sakunaka aber holte die Mädchen in sein Dorf und wählte sich die Älteste unter ihnen zur Braut.

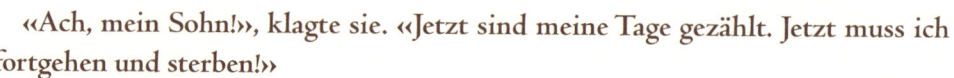

Chorus alternates with Mother and Sakunaka

Die Mutter, die zu Staub zerfiel

Dieser moderne Schöpfungsmythos aus Malawi, verfasst
von dem Kinderbuchautor und Märchenerzähler Kasiya Makaka Phiri
und illustriert von Jonathan Comerford, erinnert uns daran,
wie wertvoll Mutter Erde ist. Die Mutterfigur in dieser Erzählung bildet
einen interessanten Kontrast zu derjenigen aus der vorigen Geschichte.

Vor langer, langer Zeit hatte die Sonne eine Tochter. Ebenso wie ihre Mutter war auch sie ein Stern von großer Leuchtkraft und lebte im größeren Glanz der Sonne. Ihre Schuhe waren aus schimmerndem Sternengefunkel, und an den Fingern, um die Knöchel, Handgelenke und den Hals trug sie Sternschnuppen-Diamanten. Sie strahlte ganz hell und erleuchtete den leeren Raum jenseits der Sonne, den man den Himmel nennt. Über diesen herrschte sie mit großer Weisheit, Liebe und Barmherzigkeit.

Eines Tages, als sie ihre Runden machte, um die unzähligen Gestirne des gewaltigen Universums zu zählen, sah sie im äußersten Winkel einen Planeten. Er war so weit entfernt, dass die Sonne ihn schon fast nicht mehr zu erreichen vermochte. Seine Farben umfassten sämtliche Schattierungen von Grün und Blau. Die Sonnentochter schaute noch einmal, dann sprach sie zu ihrer Mutter:

«Dort auf diesem Planeten soll mein Thron sein. Ich möchte mein Leben in der Üppigkeit des Grüns und der Kühle des Blaus verbringen.»

Die Sonne seufzte. Sie betrachtete den großen Glanz ihrer Tochter und seufzte noch einmal. Ihre Augen konnten über viele Jahre hinaus in die Zukunft blicken.

«Alles ist deins», sagte sie schließlich. «Du kannst gehen, wohin immer du magst. Du kannst tun, was immer dir beliebt. Doch wisse eins: Du musst dich von nahezu allem trennen, was du an Kräften besitzt, und es hier zurücklassen. Deinen strahlenden Umhang aus reinem Licht, deine Schuhe aus Sternengefunkel, deine Fußketten, Armreifen und Halsbänder mit dem Glitzern des Abendsterns und des Morgensterns – das alles darfst du nicht mitnehmen. Das zarte

Grün auf dem Planeten könnte nie die Hitze deiner Helligkeit ertragen, und das Blau würde völlig vertrocknen. Doch im Tausch für deinen strahlenden Schmuck hast du drei Wünsche frei, die dir bedingungslos erfüllt werden sollen.»

«Gut», sagte ihre Tochter, «ich werde es mir überlegen.»

Sie grübelte und grübelte, Jahre um Jahre. Denn so ist es nun einmal mit den Sternen und der Sonne im weiten Universum: Alles dauert Jahre und Jahre, aber für sie ist es nicht mehr als ein Wimpernschlag. Schließlich hatte sie genug nachgedacht und war zu einem Entschluss gekommen.

Sie willigte ein, ihren Umhang abzulegen, ihr Morgendämmerungsgewand zurückzulassen, ihre Schuhe aus Sternengefunkel, ihre Sandalen aus Zwielicht und ihre Pantoffeln aus Abendrot. In strahlendem Glanz übergab sie alles der Sonne. Dann sagte sie: «Jetzt gehe ich zu dem grünen und blauen Planeten und werde seine Mutter sein.»

«Nimm alles mit, was du brauchst. Wisse, dass du uns hier sehr fehlen wirst, aber wir werden dich täglich im Blick haben. Auch sollst du wissen, dass du uns hier stets willkommen sein wirst», sagte die Sonne. «Ich fürchte, unser grelles Leuchten wird dir auf diesem kleinen Planeten in deiner neuen Gestalt nicht immer angenehm sein.»

Die Ringe, Fußketten, Armreifen und Halsbänder wurden rings um die Sonne in einem Schweif aus Sternen, Sternengefunkel, Glitzerstaub und Funken über dem Himmel ausgebreitet und zu einer milchigen Bahn angeordnet, die vom grünen und blauen Planeten aus zu sehen war. So würde die Sonnentochter sich stets daran erinnern, woher sie einst gekommen war.

Dann machte sie sich auf den Weg. Zuerst reiste sie auf einer Sternschnuppe, die durch Zeit und Raum raste, später auf einem einzelnen Lichtstrahl, der sich im sanften Licht eines anbrechenden Morgens brach, doch ihr Ziel lag noch immer in weiter Ferne. Sie hatte allerlei Gerätschaften mitgenommen: eine Hacke, einen Mörser und einen Stößel, einen Getreidekorb, einen Wasserbehälter, einen Kochtopf, Teller aus Bambus und Holz, eine kleine Axt, eine Matte und ein großes Tuch zum Zudecken. Den grünen und blauen Planeten erreichte sie schließlich auf dem ersten Lichtstrahl des neuen Tages.

Als sie landete, merkte sie, weshalb der Planet in der Weite des Himmels so grün ausgesehen hatte. Die Wälder und Wiesen waren so schön, dass ihr das Herz überging und es noch größer wurde, als es schon gewesen war. Liebevoll

betrachtete sie all die Pflanzen, die unter ihren Augen glücklich gediehen und das Grün wurde sogar noch üppiger. Hier wuchsen Büsche, dort Bäume, und allenthalben prangten Blüten in den vielen Farben des Lichts, das mit ihr von so weit her gekommen war: Gelb, Orange, Blau, Purpurrot, Weiß, Rosa, Zitronengelb, Limonengrün, Himmelblau, Aquamarin und zahllose Zwischentöne und Schattierungen.

«Kinder, ich möchte Kinder haben. Viele, viele Kinder», sagte sie. «Ich möchte Kinder, die lieben. Kinder, die durchs Gras laufen. Singende, lachende Kinder und Stimmen, die an den Berghängen widerhallen. Kinder, die ich zu mir rufen und liebkosen kann, und Kinder, die sich um mich kümmern, wenn ich alt und hinfällig werde. Kinder, die mir Kraft geben, wenn ich schwach werde und ermattet vom Leben. Und Kinder, die mich, wenn meine Zeit gekommen sein wird, zur letzten Ruhe betten.»

Ihr Wunsch ging in Erfüllung, und sie hatte Kinder. Ja, Kinder gab es allüberall! Neben ihr, vor ihr, hinter ihr. Söhne gab es, die waren groß, geschmeidig und so stark, dass sie stundenlang auf einem Bein stehen konnten. Dann gab es gütige, freundliche Söhne voller Wärme und Anteilnahme auch für jene, die nicht so schnell laufen oder so lange stehen konnten. Töchter gab es, groß und stark wie ihre Brüder, die den ganzen Tag lang wie Gazellen springen und rennen konnten, ohne auch nur ein bisschen zu ermüden. Dann gab es Töchter, zart und lieblich wie Blumen, liebevoll wie Mütter, freundlich wie Brüder und gütig wie Väter. Sie alle scharten sich um die Sonnentochter und nannten sie Mutter.

Und so wurde der Stern, die Sonnentochter, die mit unermesslicher Helligkeit am Himmel geherrscht hatte, zur Mutter aller Kinder des grünen und blauen Planeten.

Sie liebte sie alle und sorgte für jedes einzelne von ihnen. Für die großen und die kleinen Kinder, die dicken Kinder und die schlanken, die dunklen, die blassen und die blonden. Sie sorgte für sie alle, Tag und Nacht.

Es gab Kinder, die gingen nur und rannten nie, und Kinder, die rannten nur und gingen nie. Es gab *Meins*-Kinder, die alles für sich haben wollten. *Nichts*-Kinder, die nie mehr als ein einziges Wort sagten: *nichts*. Es gab *Komm-gleich-wieder*-Kinder, die wie der Wirbelwind hin und her sausten. *Ich-nicht*-Kinder, die nie zugeben wollten, dass sie irgendetwas angestellt hatten. *Weiß-nicht*-Kinder, *Der-*

hat-angefangen-Kinder, *Selber-Schuld*-Kinder, die niederträchtig und rücksichtslos waren, und noch viele, viele andere mehr.

Sie sorgte für sie und brachte ihnen Regen und Überfluss. Da sie die Gesetze des Himmels kannte, brachte sie ihnen auch Sonne und Wärme. Und wenn es Zeit war für die Pflanzen, sich auszuruhen, dann ließ sie Herbst und Winter kommen, und die Pflanzen schliefen ein.

Sie sorgte für die Kinder, egal ob sie wach waren oder ob sie schliefen. Sie stand immer als Allererste auf. Mit einem großen Besen fegte und putzte sie, und schon in aller Frühe bearbeitete sie mit ihrer Hacke den Boden, um die Nahrung anzubauen, die die Kinder brauchten. Und obwohl sie unersättlich waren, gab es stets genug zu essen für sie nach all dem Rennen, Singen, Versteckspielen und den vielen anderen Dingen, die Kinder den lieben langen Tag lang so gerne tun.

Die Mutter aller Kinder war sehr stark, doch die Jahre lasteten auf ihren Schultern. Und die Kinder der Erde veränderten sich. Einmal beklagte sie sich bei der Sonne: «Sie sind alle so anders geworden. Ich bedeute ihnen nichts mehr. Ich frage mich, ob sie mich überhaupt noch sehen.» Die Sonne antwortete: «Vergiss nicht, es sind deine Kinder. Sie haben nicht darum gebeten, auf die Welt zu kommen. Arbeite mit ihnen. Du wirst Schätze entdecken, dort, wo du es am wenigsten erwartest, und dann, wenn du es am wenigsten erwartest.»

Und so arbeitete sie und diente ihren Kindern, die sich um Dinge zu streiten begonnen hatten. Anstatt sich gegenseitig zu helfen oder etwas für sich selbst zu tun, weinten sie nur immer und verlangten, dass sie für sie da war und ihnen ihre ganze Aufmerksamkeit widmete.

«Ich hab Hunger – ich hab Durst – ich will dies, ich will das – trag mich, streichel mich. Du bist die Mutter, du hast uns in diese Welt gebracht. Kümmer dich um uns.»

Und die Mutter aller Kinder heilte Verletzungen und fütterte hungrige Mäuler und tränkte durstige Kehlen, und so reiften sie nach und nach zu erwachsenen Männern und Frauen heran. Sie zogen fort zu weit entfernten Orten, kehrten nur gelegentlich zurück und manchmal überhaupt nicht mehr. Inzwischen waren sie so niederträchtig und wild geworden, dass sie sich sogar gegenseitig umbrachten.

Kummer nagte der Mutter am Herzen. War sie einst groß und stolz gewesen, so war sie jetzt gramgebeugt vom Schmerz und der Schande, mit der ihre Kinder sie überschütteten, indem sie sie für alles verantwortlich machten. Sie hatten nicht ein freundliches Wort für sie, und die Traurigkeit fraß ihr ganze Stücke aus dem schon blutenden Herzen.

Und so kam es, dass sie beim Arbeiten sang, um sich zu trösten, während der Wind heulte und Bäume entwurzelte. Sie sang in der kühlen Brise, die den Tag im Morgengrauen küsste und die schlafenden Vögel sanft wachrüttelte, auf dass sie ihren Morgengesang anstimmten. Sie sang im Trommeln des Regens, der heftig niederströmend nacktes Land mit sich fortriss und zum Meer spülte. Sie sang im lautlosen Nieselregen, der Federn gleich auf die Spitzen der großen Berge der Welt fiel. Und an jenen Orten, die kalt genug waren, sang sie im Regen, der sich in Schnee verwandelte oder in wütend niederprasselnde Hagelkörner.

Singend ließ sie ihre Blicke selbst bei helllichtem Tag über den Himmel schweifen, als gäbe es dort etwas, das ihr helfen könnte. Und wenn sie dann auf ihre Arbeit niedersah, sang sie noch ein wenig mehr. Manchmal, wenn sie draußen im Wald war oder auf den bewaldeten Ebenen, um Brennholz zu sammeln, sang sie von Wäldern. In manchen von ihnen hatten ihre umherziehenden Kinder gewütet: Sie fällten die Bäume und nahmen ganze Stämme mit, die Jahre gebraucht hatten, um zu wachsen, und zurück blieb eine halb zerstörte, ersterbende Erde.

Die Mutter aller Kinder wusste, dass ihre Kinder achtlos mit der Erde umgingen. Sie gruben Schächte, um nach wertvollen Metallen zu suchen, und ließen klaffende, blutende Wunden zurück. Auf ihrer Wanderung über die Erde sang sie dieses Lied – in kleinen Stücken, manchmal laut, manchmal leise:

> *Ihr pflügt mich um und eggt mich,*
> *um euern Herzenswunsch zu ernten,*
> *und lasst mich nackt und wund zurück.*
> *Schreckliche Dürren machen mich unfruchtbar,*
> *sintflutartiger Regen reißt mir das Fleisch vom Leib,*
> *und jeder spottet mein und spuckt mich an.*
> *Und ich ertrage alles.*
> *Ich, die Mutter, die Lebensspenderin,*
> *behalte nichts für mich zurück.*
> *Ich nähre die Welt, und meine Kinder schauen zu,*
> *wie ich daliege, vergiftet durch ihre Hand.*

Weil das Gehör der Kinder nicht auf die Musik der Erde eingestimmt war, schenkten sie ihrem Gesang auch keine Beachtung. Nur manchmal – wenn sie in der Abenddämmerung sang –, manchmal nur legte sich eine Schwere auf die Herzen der Kinder, die früher einmal so freundlich und mitfühlend gewesen waren.

Die Kinder zerstreuten sich immer weiter, und jedes beanspruchte immer mehr Raum für sich. An jedem neuen Tag, der anbrach, stritten sie sich um Bäume. Sie stritten sich um glitzernde Felsen. Sie teilten das Land in Stücke auf und zäunten sie ein.

«Dieser Baum gehört mir», hieß es hier. «Nein, das ist meiner», hieß es dort. «Meins, meins», hieß es überall.

Sie holten die Vögel aus den Wäldern und steckten sie in Käfige, in denen kein Platz zum Fliegen war. Sie holten die Fische aus den Gewässern und steckten sie in Behälter, in denen kein Platz zum Schwimmen war. Sie erlegten die Tiere nur zum Vergnügen und sammelten ihre Köpfe und Felle. Manchmal fingen sie viele Tiere in der Wildnis ein und setzten sie hinter Schloss und Riegel. Sie fällten die Bäume in den Wäldern und entrindeten sie.

Als die Erde ausgelaugt war und die Mutter aller Kinder alt und krank wurde und starb, blieben die Kinder gleichgültig.

Bei ihrem Tod wurde ihr der zweite Wunsch gewährt: ihre sterblichen Überreste in ein schwarzes Gewand zu hüllen und weiterhin ihren Kindern dienen zu dürfen, so gut sie konnte. Und so arbeitete sie selbst im Tode, jeden Tag und jede Nacht, angetan mit ihrem schwarzen Umhang. Jetzt, wo sie keinen Schlaf mehr brauchte, arbeitete sie sogar noch härter. Auch das war den Kindern egal. Sie riefen immer nur wieder: «Gib mir, gib mir, gib mir!» Sie aber diente ihnen unaufhörlich weiter.

Da sie jetzt nur ein Gespenst war, sagte sie nie etwas. Ihre Lieder waren nur des Nachts und bei Tagesanbruch zu hören, weil der Wind sie in den Tälern und Hügeln fand, wo ihr Echo noch nachklang.

Die Mutter kümmerte sich insbesondere um ein Kind, das in ihren frühen Tagen geboren worden war, aber nicht sprechen konnte. Das Mädchen hatte die schönsten Augen und dunkle, dichte Haare, die zu Zöpfen geflochten und mit Perlen besetzt waren. Im gleichen Maße wie ihr Haar wuchs auch ihr Herz. Und so wie ihr Herz wurden auch ihre Beine und Arme stark. Sie reifte zu einer zauberhaften jungen Frau heran.

Eines Tages, als sie gerade ihren Hausarbeiten nachging, hielt sie plötzlich inne und schaute zur Mutter auf. Dann sprach sie zum ersten Mal:

«Lass mich dir helfen, Mutter. Bitte setz dich und ruh dich aus.» Ihre Stimme klang freundlich, und nachdem sie gesprochen hatte, trat eine betäubende Stille ein. Schon allzu lange hatte es keine Freundlichkeit mehr auf dem Planeten gegeben, und jetzt schien – zumindest für einen Augenblick – alles stillzustehen.

Die Mutter stieß einen Seufzer aus. «Oh, danke, mein Kind», sagte sie.

Durch diese eine Geste der Freundlichkeit wurde die Mutter erlöst. Sie sackte in sich zusammen und zerfiel zu Staub. Ihr Werk war getan. Ein mächtiger Wind kam, fegte ihren Staub zusammen und wehte ihn in den Himmel, wo er den Mond bildete, den wir heute sehen. Damit aber ging ihr dritter Wunsch in Erfüllung: in ein sanftes Licht gehüllt zu werden, so dass sie ihre Kinder und den grünen und blauen Planeten in jedem Monat des Jahres sehen kann.

Und bis heute wacht Mutter Mond über ihre streitenden und zankenden Kinder. Sie sieht ihre Töchter, wie sie unter Anleitung der jungen Frau ausbessern und heilen, dienen und bewahren, so wie sie selbst es zuvor getan hatte.

Doch die Kinder der Mondtöchter streiten, zanken und beklagen sich noch immer. Und Mutter Mond, wenn sie dies sieht, muss ihr Antlitz verhüllen und weinen, ehe sie den Anblick weiter ertragen kann, weshalb sie zuerst nur eine Sichel ihres Gesichts zeigt. Dann dreht sie es immer weiter, bis ihr volles Antlitz in Liebe erstrahlt.

In einer solchen Nacht erhaschen manche die Liebe und geben sie weiter. Dann singen die Mondtöchter das Lied von jenen, die sich dem Dienen geweiht haben, und sprechen noch einen Wunsch aus: dass die Kinder wieder lernen mögen, ihre Mutter zu lieben.

Mpipidi und der Motlopi*-Baum

Ein Tswana-Märchen über den Herzenswunsch eines kleinen Jungen,
hier nacherzählt von der Kinderbuch-Autorin Johanna Morule
und illustriert von Judy Woodborne.

Es war einmal ein Junge, der hieß Mpipidi. Er wohnte in einem kleinen Dorf, weit draußen auf dem Land, wo der Motlopi-Baum wächst und nächtens die Schakale heulen. Mpipidi lebte mit seinen Eltern und seinem jüngeren Bruder zusammen. Oft hatte er sich eine Schwester gewünscht, doch dieser, sein sehnlichster Wunsch, blieb unerfüllt.

Mpipidi hütete das Vieh seines Vaters. Jeden Morgen vor Sonnenaufgang packte er seine Vorräte ein und trieb die Herde tief in den Busch. Hier kletterte er dann immer auf den höchsten Motlopi-Baum, um von ganz oben aus das Vieh zu bewachen. Er liebte es, da oben zu sitzen, wo er die blauen Berge in der Ferne sehen konnte und wo er so hoch war, dass der Adler sein Bruder war und die Wolke seine Schwester. Seine Schwester? Der Gedanke machte ihn traurig.

Wenn eine Kuh davonlaufen wollte, pfiff Mpipidi leise. Er pfiff eine süße, betörende Weise, die klang wie die Vogelstimme des Honigsaugers, wenn er den Dachs zum Bienenstock lockt. Dann sang Mpipidi:

Tswerr, tswerr!
Meine Braunen,
Lauft nicht davon,
Tswerr, tswerr!
Oder Kgokgodumo
Wird euch fressen!
Tswerr, tswerr!

* Tswana-Name für die Weißstamm-Boscia bzw. den Schäfer-/Shepherdbaum (*boscia albitrunca[ta]*)

167

Dann hob die umherstreunende Kuh immer den Kopf und kam zurück, um wieder unter dem Motlopi-Baum, auf dem Mpipidi saß, zu grasen. Mit diesem Zauber ersparte sich Mpipidi die Mühe, jedes Mal vom Baum hinabzusteigen, um nach dem Vieh zu schauen, und anschließend wieder hinaufzuklettern.

Eines Tages trieb Mpipidi das Vieh noch weiter in den Busch hinein, und während er nach dem höchsten Motlopi-Baum Ausschau hielt, hörte er ein schwaches Jammern: «Nngee! Nngee!»

Mpipidi blieb stehen und lauschte. Ja, da war es wieder: «Nngee! Nngee!»

Er kroch unter das dichte Gezweig des Motlopi-Baums, und dort, in einem frisch geflochtenen Korb, der mit dem weichen Fell wilder Tiere ausgepolstert war, entdeckte er ein kleines Kind. Behutsam nahm Mpipidi das Kind hoch. Es war ein Mädchen. Das Herz schlug ihm schneller… Nein, er konnte sie nicht mitnehmen! Vielleicht würde man ihm zu Hause seine Geschichte nicht glauben oder das Mädchen weggeben. Also legte er die Kleine in den Korb zurück und machte sich auf die Suche nach einem anderen, weit abgelegenen Motlopi-Baum, wo er sie verstecken konnte.

Dann nahm er Milch aus seinen Vorräten und gab ihr davon zu trinken. Schon bald war die Kleine zufrieden eingeschlafen. Mpipidi brach ein paar Zweige von Dornenbäumen ab und legte sie wie einen Zaun um ihr Bettchen, um sie vor wilden Tieren zu schützen. An diesem Abend erzählte er niemandem von der Kleinen. Sie blieb sein Geheimnis.

Von dem Tag an holte Mpipidi jeden Morgen etwas Ziegenmilch für die Kleine und etwas zu essen für sich. Jeden Morgen trieb er das Vieh tief in den Busch. Vorsichtig näherte er sich dem Motlopi-Baum, und wenn er ganz dicht herangekommen war, sang er leise:

A ga anke a lela –
Tshetsanyane – tshetsa!
Ngwanaa 'tlhare sa motlopi –
Tshetsanyane – tshetsa!
Motlopi le Mpipidi –
Tshetsanyane – tshetsa!
Ako a l'le a ree: Nngee!
Tshetsanyane – tshetsa!

Wenn ihm ein Stimmchen antwortete: «Nngee! Nngee!», wusste Mpipidi, dass die Kleine noch am Leben war. Dann bog er einen der schützenden Dornenäste zur Seite, hob sie hoch und fütterte sie, wobei er die ganze Zeit sang. Wenn die Kleine satt war, legte er sie behutsam in ihren Korb unter dem Motlopi-Baum zurück und deckte sie mit den Fellen zu. Zum Schluss bog er den Dornenast wieder an seine alte Stelle zurück.

Das ging immer so weiter, bis seine Mutter irgendwann den Verdacht hegte, Mpipidi hätte ein Geheimnis. Sie sagte zu ihrem Mann: «Was hältst du von dem Jungen? Warum will er unbedingt immer mit dem Vieh hinausgehen, selbst wenn schlechtes Wetter ist?»

«Ja», setzte der Vater hinzu, «und warum will er nie, dass sein Bruder ihn begleitet? Wie soll sein Bruder je lernen, das Vieh zu hüten? Morgen früh werde ich ihm folgen.» Am nächsten Morgen ging der Vater seinem Sohn hinterher. Er blieb weit genug zurück, um nicht gesehen zu werden, aber doch nah genug, um Mpipidi pfeifen und singen zu hören. Mpipidi trieb das Vieh auf den Weidegrund, und unterwegs pfiff er die ganze Zeit.

Tief im Busch hörte das Pfeifen plötzlich auf. Der Vater beschleunigte den Schritt und sah, wie sich Mpipidi vorsichtig dem hohen Motlopi-Baum näherte. Als er ganz dicht am Baum war, hörte der Vater ihn leise singen:

A ga anke a lela –
Tshetsanyane – tshetsa!
Ngwanaa 'tlhare sa motlopi –
Tshetsanyane – tshetsa!
Motlopi le Mpipidi –
Tshetsanyane – tshetsa!
Ako a l'le a ree: Nngee!
Tshetsanyane – tshetsa!

Dann vernahm der Vater das Stimmchen: «Nngee! Nngee!» Er riss die Augen auf. War das nicht eine Babystimme?

Er sah, wie Mpipidi einen der schützenden Dornenäste zur Seite bog, ein Baby hochhob und es fütterte. Als das Baby satt war, legte er es behutsam in seinen Korb unter dem Motlopi-Baum zurück und deckte es mit Fellen zu. Zum Schluss bog er den Dornenast wieder an seine alte Stelle zurück.

Das also war das Geheimnis seines Sohnes! Der Vater kehrte schnurstracks nach Hause zurück und erzählte seiner Frau alles, was er gesehen hatte.

Am nächsten Morgen, als es noch dunkel war, ging Mpipidis Vater mit seiner Frau zu dem Motlopi-Baum. Im Dorf schlief noch alles, da waren sie schon längst wieder mit dem Baby zurück.

Wie an jedem Morgen packte Mpipidi seine Vorräte und etwas Ziegenmilch ein und trieb das Vieh tief in den Busch. Vorsichtig näherte er sich dem hohen Motlopi-Baum. Als er ganz dicht herangekommen war, stimmte er leise sein Lied an. Er lauschte, aber kein Stimmchen war zu hören. Er wiederholte die Weise. Noch immer keine Antwort. Mit zitternder Stimme sang er wieder und wieder. Vom Motlopi-Baum kam nichts als Totenstille.

Mpipidi bog die Zweige zurück — aber die Kleine war nicht mehr da! Er legte sich unter den Motlopi-Baum und weinte bitterlich. Am Nachmittag trieb er das Vieh wieder heim.

Als er nach Hause kam, ging er in die Hütte und setzte sich nah an die Feuerstelle, so dass der Rauch ihm in den Augen brannte. Tränen liefen ihm über die Wangen, und das Herz war ihm schwer von Kummer und Angst.

«Warum weinst du, Mpipidi?», fragte ihn seine Mutter. Er sagte, die Augen täten ihm vom Rauch weh. Doch als sie ihm sagte, er solle hinausgehen an die frische Luft, schüttelte Mpipidi nur den Kopf.

«Mpipidi», sagte seine Mutter, «wir wissen, dass du um die Kleine weinst, die du unter dem Motlopi-Baum versteckt hast.»

Vor lauter Schreck hörte Mpipidi auf zu weinen.

«Komm mit», sagte seine Mutter. Und sie holte auch seinen Vater. Vorsichtig ging sie zur Schlafhütte hinüber. An der Tür sang sie leise:

A ga anke a lela —
Tshetsanyane — tshetsa!
Ngwanaa 'tlhare sa motlopi —
Tshetsanyane — tshetsa!
Motlopi le Mpipidi —
Tshetsanyane — tshetsa!
Ako a l'le a ree: Nngee!
Tshetsanyane — tshetsa!

Da hörten sie das Stimmchen: «Nngee! Nngee!»

Mpipidi schaute seine Mutter an. Dann schaute er seinen Vater an. «Ja, Mpipidi», sagte sein Vater, «wir wissen, dass das dein Geheimnis war! Wolltest du deshalb deinen Bruder nicht beim Viehhüten dabeihaben?»

Mpipidi antwortete nicht. Stattdessen nahm er die Flasche, setzte sich hin und fütterte die Kleine wie immer.

Seine Mutter starrte ihn an und sah, wie sehr er die Kleine liebte.

«Gib mir Keneilwe – dein kleines Schwesterchen», sagte sie. Mpipidi gab ihr die Kleine. Eine tiefe Freude erfüllte ihn, als er seine Schwester im Arm seiner Mutter sah.

Keneilwe wuchs zu einem schönen Mädchen und einer liebevollen Schwester heran. Ihr Name erinnerte alle an ihre ungewöhnliche Herkunft: Keneilwe – «die Geschenkte».

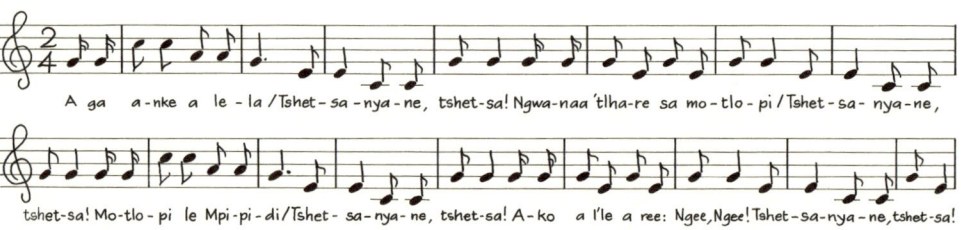

*A*utoren

Jack Cope, 1913 auf einer Farm in Zululand geboren, wuchs mit einer intimen Kenntnis der Sprache und Kultur der Zulus auf. Seine schriftstellerische Laufbahn begann er während des Zweiten Weltkriegs als Journalist in England. Später veröffentlichte er zahlreiche Romane, aber auch Lyrikbände und Short Stories. Er erhielt verschiedene literarische Preise, sowohl in Südafrika als auch im Ausland.

Alex D'Angelo, 1966 in London geboren, kam als Neunjähriger mit seinen Eltern nach Südafrika. An der Universität Kapstadt erwarb er einen Magister in mittelalterlichem Englisch, machte einen Abschluss in Bibliotheks- und Informationswissenschaft und arbeitet z. Zt. an der Kunstbibliothek der Universität. Er hat zudem ein Diplom in Management, das er an der Graduate School of Business der Universität Kapstadt erwarb.

I. D. du Plessis, Jahrgang 1900, ist vor allem für seine Dichtungen in Afrikaans bekannt. Den größten Teil seines Lebens hatte er enge Verbindungen zur muslimischen Gemeinde am Kap, den so genannten Kapmalaien. Nachdem er entdeckt hatte, dass die Teilnehmer an den Umzügen der Kapmalaien, die zu Neujahr singend und tanzend durch die Straßen von Kapstadt paradieren, die einzigen sind, die noch die alten Volkslieder in Holländisch und Afrikaans kennen, trug er maßgeblich dazu bei, den Cape Malay Choir Board ins Leben zu rufen. Seine Nacherzählungen von Legenden, Volksmärchen und Gespenstergeschichten der Kapmalaien wurden in mehreren Anthologien veröffentlicht.

Pieter W. Grobbelaar ist als Sammler einheimischer Volksmärchen und Dichtungen bekannt. Er begann seine Laufbahn als Journalist, war dann im Verlagsgewerbe tätig und wurde später Lektor für Afrikaanse Kulturwissenschaft. Er hat zahllose Bücher veröffentlicht und wurde für seine Anthologien vielfach ausgezeichnet.

Jay Heale wurde in England geboren und kam als junger Mann nach Südafrika, um dort zu unterrichten. Einen Namen machte er sich als Geschichtenerzähler, Schriftsteller, Herausgeber von Anthologien, Kritiker und Kinderbuchspezialist. Er ist Sekretär des South African Children's Book Forum und Präsident der Hans Christian Andersen Jury des International Board on Books for Young People (IBBY).

Glaudien Kotzé kam 1921 auf einer Farm in Namaqualand zur Welt, wo sie als Kind und Heranwachsende die Geschichten der Nama aus dieser Region hörte. Sie studierte an der Universität von Stellenbosch und arbeitete den größten Teil ihres Lebens als Lehrerin und Bibliothekspädagogin.

Gcina Mhlophe, 1958 in Durban geboren, ist in ganz Südafrika als Schauspielerin, Dramatikerin, Regisseurin, Kinderbuchautorin und Märchenerzählerin bekannt. Seit 1983 tritt sie an den unterschiedlichsten Orten auf, sei es in einem Township in Soweto oder in Edinburgh, und unternimmt auch regelmäßige Tourneen durch Europa und die USA. Nach eigener Aussage wurden ihre erzählerischen Fähigkeiten durch ihre Großmutter perfektioniert, die eine wunderbare Märchenerzählerin war. Gcina Mhlophe, die für ihr schriftstellerisches Werk und ihre Theaterarbeit mit zahlreichen Preisen ausgezeichnet wurde, bildet Jugendliche zu Märchenerzählern aus.

Johanna Morule kann auf eine lange, aktive Pädagogenlaufbahn zurückblicken, zunächst als Lehrerin, dann als Leiterin einer Volksschule im Bezirk Rustenburg und schließlich als Planerin im Erziehungsministerium von Bophuthatswana. Sie veröffentlichte mehrere Lesebücher und arbeitete für den Setswana Language Board.

Julius Oelke arbeitete zu Beginn des 20. Jahrhunderts als Missionar der Berliner Missionskirche im damaligen Tanganjika (heute Tansania). Er erwarb sich große philologische Verdienste, indem er die afrikanischen Geschichten, die er in Kibena hörte, auf Deutsch niederschrieb und so dafür sorgte, dass diese wenig bekannten Geschichten aus der mündlichen Überlieferung heute auch in schriftlicher Form verfügbar sind.

Kasiya Makaka Phiri, 1948 im damaligen Süd-Rhodesien (heute Simbabwe) geboren, wuchs in Malawi auf. Sein Interesse fürs Schreiben entwickelte er bereits als Dreizehnjähriger, und seinen ersten Erfolg hatte er 1969 als Autor eines Hörspiels. Seine Gedichte wurden in Zeitschriften in Malawi, Kanada, den

USA, Indien, Südafrika, Nigeria und Großbritannien veröffentlicht. Seit 1983 lebt er als politischer Flüchtling in den USA.

Diana Pitcher wurde 1921 in Natal geboren und studierte an der dortigen Universität Englisch. Sie arbeitete als Lehrerin in Natal, Simbabwe, England und anderen europäischen Ländern. Einen Namen machte sie sich besonders mit zwei Anthologien afrikanischer Volkskunde – *The Calabash Child* und *The Mischief Maker* –, die jeweils in acht afrikanischen Sprachen veröffentlicht wurden.

Marguerite Poland wuchs auf einem Kleinbauernhof außerhalb von Port Elizabeth (Eastern Cape) auf. Sie studierte Xhosa und Anthropologie an der Rhodes University, machte einen Abschluss in Xhosa an der Universität von Stellenbosch, erwarb einen Master of Arts in Zulu-Volkskunde an der Universität von Natal und promovierte an derselben Universität in Zulu-Literatur. Sie hat zahlreiche Kinderbücher sowie drei von der Kritik hochgelobte Romane für Erwachsene veröffentlicht und wurde zweimal mit dem renommierten Percy Fitzpatrick Award for Children's Literature ausgezeichnet. Sie lebt in Kwa-Zulu-Natal.

Minnie Postma wuchs auf einer Farm in der Provinz Free State nahe der Grenze zu Lesotho auf. Als Kind sprach sie Sesotho genauso fließend wie Afrikaans und lauschte begierig den Geschichten, die an abendlichen Lagerfeuern erzählt wurden. Die gründliche Erforschung dieser besonderen Erzähltradition versetzte sie später in die Lage, ihre eigenen Tsomo (Geschichten) in der Sprache der Sotho zu erfinden.

Linda Rode ist eine namhafte Herausgeberin von Anthologien für Kinder und High School-Studenten. Noch bekannter ist sie als Übersetzerin zahlreicher Kinderbücher, und ihre profunden Märchen- und Folklorekenntnisse kamen ihr bei den vielen Projekten, die sie für südafrikanische Verleger initiierte, sehr zustatten.

Phyllis Savory wurde 1901 auf einer Farm im damaligen Süd-Rhodesien (heute Simbabwe) geboren. Als Kind lauschte sie mit ihren Spielkameradinnen den Geschichten, die an abendlichen Feuern erzählt wurden – der Beginn einer lebenslangen Liebe zur afrikanischen Folklore. In den verschiedenen Ländern Afrikas, in denen sie lebte, sammelte sie viele Geschichten, wobei sie sich vor allem auf Erzählungen über den Hasen konzentrierte. Selbst zu schreiben begann sie erst als Sechzigjährige – um dann im Laufe von dreißig Jahren neunzehn Bände mit Geschichten zu veröffentlichen.

Hugh Tracy, 1903 in England geboren, kam als Achtzehnjähriger ins heutige Simbabwe, um Landwirtschaft zu betreiben. Er erlernte die Sprache der Karanga (einer der Shona-Dialekte) und musste zu seiner Überraschung feststellen, über welchen musikalischen Reichtum die einheimische Bevölkerung verfügt. Die Aufzeichnung, Bewahrung und Verbreitung süd- und zentralafrikanischer Musik und Folklore wurde zu seinem Lebenswerk. 1954 gründete er die International Library of African Music, die heute der Rhodes University in Grahamstown unterstellt ist.

Annari van der Merwe arbeitete als Kinderbuchlektorin bei Tafelberg Publishers und gründete dann ihren eigenen Verlag – Kwela Books –, der auf Veröffentlichungen ehemals benachteiligter Volksgruppen spezialisiert ist. Sie hat einen Band mit Kindergedichten sowie verschiedene Artikel und Fotoreportagen in Zeitschriften publiziert.

George Weideman hat neben zahlreichen Gedicht- und Short Story-Bänden auch Dramen, Romane und Kinderbücher veröffentlicht und zählt damit zu den vielseitigsten Autoren in Afrikaans. Sein literarisches Werk wurde vielfach ausgezeichnet. Nach einer langjährigen Tätigkeit als Dozent für Afrikaans widmet er sich heute ausschließlich dem Schreiben.

Illustratoren

«*Baba Afrika*» ist ein Künstlername.

Neels Britz, 1977 in Pretoria geboren, besuchte die Pro Arte Alphen Park High School, die er mit Auszeichnung in Malerei und Grafik abschloss. Studierte Trickfilm und Computergrafik an der Rand Afrikaans University, Diplom in Medienwissenschaft. Hat verschiedentlich ausgestellt, seine Trickfilme wurden beim Ottawa Animation Festival in Kanada sowie im südafrikanischen Fernsehen gezeigt. Seine bevorzugte Technik ist Bleistift auf Papier.

Jonathan Comerford, 1961 in Kapstadt geboren. Kunstdiplom an der Frank Joubert Art School, anschließend Grafikstudium am Peacock Printmaking Studio und am Cyrenian Art Center in Aberdeen, Schottland. 1988 Eröffnung eines eigenen Grafikbetriebs in Kapstadt, Hardground Printmaker's Workshop. Verschiedene Einzel- und Gruppenausstellungen sowohl in Südafrika als auch im Ausland; seine Arbeiten sind in öffentlichen und Firmensammlungen vertreten.

«*Nikolaas de Kat*» ist ein Künstlername.

Jean Fullalove, 1927 in Lydenburg geboren. Studium der Werbegrafik an der Michaelis Art School der Universität Kapstadt, anschließend zwanzig Jahre lang als Modezeichnerin für Zeitungen und Zeitschriften tätig. Ihre Videoanimationen für Kinder, die alle als Serien im Fernsehen liefen, erhielten mehrere Auszeichnungen. Hat viele Unterrichts- und Lehrbücher illustriert und arbeitet gerne in Gouache.

Lyn Gilbert, 1942 in Durban geboren. Kunststudium an der Universität von Natal (Bachelor of Arts) sowie an der Rhodes University (Master of Fine Art). Ihre Ölgemälde, von denen viele in Privatsammlungen auf der ganzen Welt hängen, waren in verschiedenen Ausstellungen zu sehen. Hat zahlreiche Kinderbücher für Publikums- wie für Lehrbuchverlage im In- und Ausland illustriert.

Diek Grobler, 1961 in Warmbaths geboren. Kunststudium an der Universität Pretoria (Bachelor of Arts) sowie an der Universität von Witwatersrand (Master of Fine Art). Bisher zehn Einzel- und Zwei-Mann- sowie sechs Gruppenausstellungen, verschiedene Auszeichnungen für Skulptur, Malerei und Performance. Seine Arbeiten hängen in verschiedenen öffentlichen und Firmensammlungen in Südafrika und Europa. Favorisiert jede Technik, die dem jeweiligen Werk am besten entspricht.

Piet Grobler, 1959 in Nylstroom geboren. Theologiestudium an der Universität Pretoria (Bachelor of Arts und Bachelor of Divinity), Journalismus an der Universität von Stellenbosch sowie Grafikdesign am Cape Town Technical College. Zahlreiche Einzel-, Zwei-Mann- sowie Gruppenausstellungen mit Gemälden und Illustrationen. Viele Auszeichnungen sowohl in Südafrika als auch im Ausland. Zurzeit Vorbereitung auf seinen Master of Fine Art in Illustration.

Marna Hattingh, 1977 in Bloemfontein geboren. Kunststudium an der Universität von Stellenbosch (Bachelor of Arts in Fine Arts für Buchillustration). Ausstellungen in Kapstadt und Stellenbosch. Nach dem Studium diverse Auslandsreisen, Rückkehr nach Kapstadt, wo sie gerade ihr drittes Bilderbuch illustriert.

Robert Hichens, 1962 in Durban geboren. Studierte Grafikdesign am Cape Technicon, anschließend zwölf Jahre lang als Designer in der Bekleidungsindustrie tätig. Seit 2000 freischaffender Illustrator von Lehrbüchern und Freizeitmaler. Seine Aquarelle werden international in Galerien verkauft.

Natalie Hinrichsen, 1974 in Kapstadt geboren. Studierte Grafikdesign am Cape Technicon mit dem Hauptfach Illustration und Grafikdesign. Entwürfe von Werbeillustrationen für Zeitschriften, kommerziellen Storyboards sowie Website-Icons, Ausstellung ihrer Arbeiten in der Infin Art Gallery in Kapstadt. Zahlreiche Illustrationen für Unterrichts- und Lehrbücher sowie für kommerzielle Bilderbücher. Ihre bevorzugte Technik ist Gouache.

Tamsin Hinrichsen, 1974 in Kapstadt geboren. Studierte Grafikdesign am Cape Technicon mit dem Hauptfach Illustration und Grafikdesign. Ausstellung ihrer Arbeiten in der Infin Art Gallery in Kapstadt. Zahlreiche Illustrationen für Unterrichts- und Lehrbücher sowie für kommerzielle Bilderbücher. Ihre bevorzugte Technik ist Acryl.

Nicolaas Maritz, 1959 in Pretoria geboren. Kunststudium an der Universität Kapstadt, danach über vierzig Einzel- sowie Gruppenausstellungen im In- und Ausland. Illustrationen für zahlreiche Kinderbücher, internationale Auszeichnungen. Arbeitet in Mixed Media, bevorzugt für die meisten seiner Gemälde und Illustrationen allerdings Email auf Hartfaserplatte.

Padraic O'Meara, 1980 in Kapstadt geboren. Studium von Folien- und Computeranimation an der City Varsity Film and Television School, Abschluss mit einem Diplom in Film- und Fernsehanimation. Anschließend Mitarbeit an verschiedenen zwei- und dreidimensionalen Projekten, zurzeit Illustrationen für ein von ihm selbst geschriebenes Kinderbuch. Favorisiert Aquarelltechnik für traditionelle Illustrationen, arbeitet aber auch mit Computerzeichnungen.

Véronique Tadjo, 1955 in Paris geboren. Studium an der Nationaluniversität der Elfenbeinküste (Licence) sowie an der Sorbonne in Paris (Maîtrise), Fullbright Scholarship für die Howard University in Washington, D.C., wo sie Englisch und Afroamerikanische Zivilisation und Kultur studierte (Promotion). Internationale Ausstellungen ihrer Gemälde, verfasst und illustriert Kinderbücher.

Geoffrey Walton, 1972 in Kapstadt geboren. Studierte Grafikdesign an der Ruth Prowse School of Art (Diplom). Zahlreiche Illustrationen für Lehr- und Unterrichtsbücher, zurzeit als Webdesigner für den Council for Scientific and Industrial Research tätig. Arbeitet gerne mit Feder und Tusche in Kombination mit computerisierter Farbgebung.

Teresa Williams, 1962 in Kapstadt geboren. Studium an der Rhodes University (Bachelor of Fine Art). Buch- und Umschlaggestalterin, unterrichtet Ölmalerei, die auch ihre bevorzugte Technik ist.

Judy Woodborne, 1966 in Kapstadt geboren. Studium an der Universität Kapstadt (Bachelor of Arts in Fine Art und Master of Arts). Verschiedene Einzel- und zahlreiche Gruppenausstellungen sowie Grafikbiennalen im In- und Ausland. Ihre Arbeiten sind weltweit in öffentlichen und Firmensammlungen vertreten, u.a. im Smithsonian Institute und im Musée d'Art Contemporain in Chamalières (Frankreich). Nach wie vor intensive Beschäftigung mit der Druckgrafik.

Quellennachweise

Der betörende Gesang des Zaubervogels

Erstveröffentlichung in: Julius Oelke, *From the Heart of the Fire*, Kapstadt (Tafelberg) 1995.

Die Katze, die ins Haus kam

Kamiyo vom Fluss

Sakunaka, der hübsche junge Mann

Erstveröffentlichung in: Hugh Tracey, *The Lion on the Path*, New York (Routledge & Kegan Paul) 1967.

Der große Durst

Bescherung bei König Löwe

Wolf und Schakal und das Butterfass

Erstveröffentlichung in Afrikaans in: Pieter W. Grobbelaar, *Die Mooiste Afrikaanse Sprokies*, Kapstadt (Human & Rousseau) 1968.

Die Botschaft

Erstveröffentlichung in Afrikaans in: Linda Rode (Hrsg.), *Goue Fluit, my Storie is Uit*, Kapstadt (Tafelberg) 1988.

Der Schlangenhäuptling

Der Hüter des Teichs

Erstveröffentlichung in: Diana Pitcher, *Catch Me a River*, Kapstadt (Tafelberg) 1990.

Wie Hlakanyana das Ungeheuer überlistete

Erstveröffentlichung in: Jack Cope, *Tales of the Trickster Boy*, Kapstadt (Tafelberg) 1990.

Worte so süß wie Honig von Sankhambi

Bisher unveröffentlichte Übersetzung der von Linda Rode in Afrikaans verfassten Nacherzählung einer alten Venda-Geschichte.

Mmutla und Phiri

Löwe, Hase und Hyäne

Der Hase und der Baumgeist

Die Rache des Hasen

Die Wolkenprinzessin
Erstveröffentlichung in: Phyllis Savory, *The Little Wise One*, Kapstadt (Tafelberg) 1990.

Mmadipetsane
Erstveröffentlichung in Afrikaans in: Minnie Postma, *As die Maan oor die Lug*
Loop, Kapstadt (Tafelberg) 1986.

Spinne und die Krähen
Übersetzung der Erzählung in Afrikaans in: *Husse met Ore*, Kapstadt (Tafelberg) 1993. Erschien ursprünglich auf Deutsch in einer Märchensammlung
mit dem Titel *Als die Bäume in den Himmel wuchsen*, Düsseldorf/Köln (Diede-
richs) 1977.

Natiki
Erstveröffentlichung in Afrikaans in: Glaudien Kotzé, *Die Kalbasdraertjie*, Kapstadt (Tafelberg) 1987.

Der Mantis und der Mond
Erstveröffentlichung in: Marguerite Poland, *The Mantis and the Moon*, Johannes-
burg (Ravan Press) 1979.

Die Schlange mit den sieben Köpfen
Revidierte Fassung des Originalbilderbuchs von Gcina Mhlophe, Braamfon-
tein (Skotaville) 1989.

Die Wolfskönigin

Die Tochter des Sultans
Erstveröffentlichung in Afrikaans in: I. D. du Plessis, *Doederomandro en Ander*
Kaapse Stories, Kapstadt (Human & Rousseau) 1970.

Van Hunks und der Teufel
Erstveröffentlichung in Afrikaans in: Linda Rode (Hrsg.), *Goue Lint, my Storie*
Begint, Kapstadt (Tafelberg) 1985.

Der Ring des Königs
Erstveröffentlichung in: Jay Heale (Hrsg.), *Storytime*, Kapstadt (Tafelberg) 1987.

Der schlaue Schlangenbeschwörer

    Erstveröffentlichung in Afrikaans in: C. F. Albertyn und J. J. Spies (Hrsg.), *Kinders van die Wêreld*, Bd. 5, Kapstadt (Albertyn) 1963.

Asmodeus und der Geisterabfüller

    Erstveröffentlichung in: Alex D'Angelo, *Asmodeus – A Forkful of Tales from Devil's Peak*, Kapstadt (Tafelberg) 1997.

Die Mutter, die zu Staub zerfiel

    Erstveröffentlichung.

Mpipidi und der Motlopi-Baum

    Erstveröffentlichung in: Linda Rode und Hans und Christel Bodenstein (Hrsg.), *Stories South of the Sun*, Kapstadt (Tafelberg) 1993.

Die Herkunft der Märchen

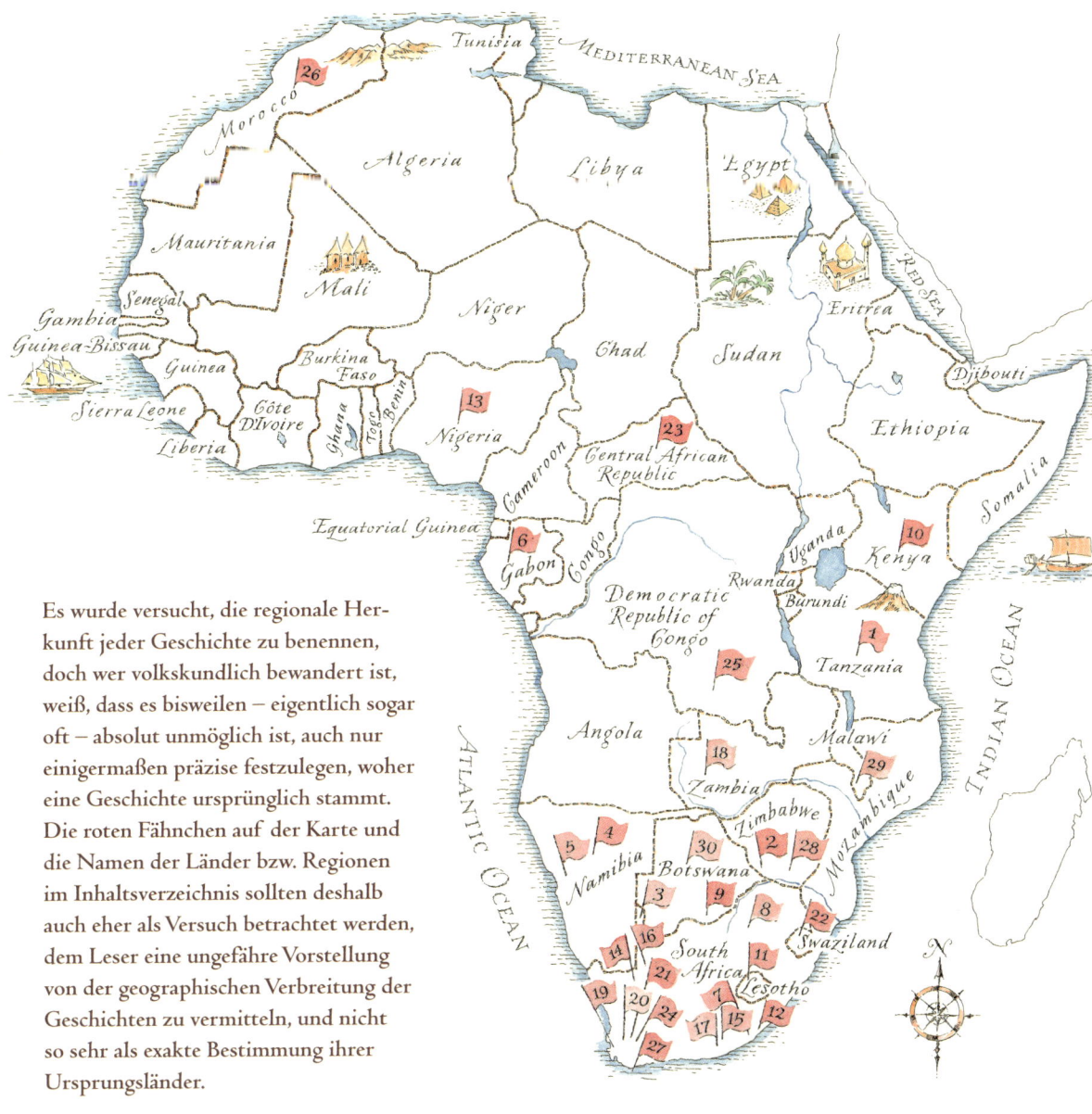

Es wurde versucht, die regionale Herkunft jeder Geschichte zu benennen, doch wer volkskundlich bewandert ist, weiß, dass es bisweilen – eigentlich sogar oft – absolut unmöglich ist, auch nur einigermaßen präzise festzulegen, woher eine Geschichte ursprünglich stammt. Die roten Fähnchen auf der Karte und die Namen der Länder bzw. Regionen im Inhaltsverzeichnis sollten deshalb auch eher als Versuch betrachtet werden, dem Leser eine ungefähre Vorstellung von der geographischen Verbreitung der Geschichten zu vermitteln, und nicht so sehr als exakte Bestimmung ihrer Ursprungsländer.

Roliblabla Nelson Mandela (1918–2013) ist weltbekannt für seinen Kampf gegen die Apartheid, für den er 27 Jahre im Gefängnis verbringen mußte. 1993 erhielt er den Friedensnobelpreis, ein Jahr später wurde er zum Präsidenten von Südafrika ernannt. Mandela gehörte zur königlichen Familie der Thembu, die zum Volk der Xhosa zählt. Er wuchs in dem ländlichen südafrikanischen Dorf Qunu auf, wo er früh durch die Erzählungen der Älteren mit der afrikanischen Geschichte und Folklore vertraut gemacht wurde.

Giambattista Basile
Das Märchen der Märchen
Das Pentamerone
Nach dem neapolitanischen Text von 1634/36
neu und erstmals vollständig übersetzt und erläutert
Herausgegeben von Rudolf Schenda
2000. 640 Seiten. Gebunden

Rudolf Schenda
Das ABC der Tiere
Märchen, Mythen und Geschichten
1995. 435 Seiten mit 51 Abbildungen. Leinen

Nizami
Die Abenteuer des Königs Bahram und seiner sieben Prinzessinnen
Aus dem Persischen übertragen und herausgegeben von J. C. Bürgel
1997. 414 Seiten. Leinen
Neue Orientalische Bibliothek

Rumi
Gedichte aus dem Diwan
Ausgewählt, aus dem Persischen übertragen und erläutert von
Johann Christoph Bürgel
2003. 144 Seiten. Leinen
Neue Orientalische Bilbiothek

John Iliffe
Geschichte Afrikas
Aus dem Englischen von Gabriele Gockel und Rita Seuß
2. Auflage. 2003. 435 Seiten mit 14 Karten. Broschiert

Verlag C.H.Beck

Tausendundeine Nacht

2004. Etwa 704 Seiten. Leinen

Das unbekannte Original – erstmals in deutscher Übersetzung

Diese Neuübersetzung von *Tausendundeine Nacht* macht erstmals die älteste arabische Fassung der berühmten orientalischen Erzählsammlung auch deutschen Lesern zugänglich. Die Übersetzerin Claudia Ott führt uns mit einer Frische und Ungezwungenheit durch das Labyrinth der kunstvoll verwobenen Erzählfäden, daß man meint, Schahrasad selbst zu hören. Nicht mehr ein europäischer Orientalismus spricht durch *Tausendundeine Nacht* zu uns, sondern endlich der Orient selbst.

Dieser Band wird auch in einer limitierten, numerierten und in Leder gebundenen Liebhaber-Ausgabe erscheinen. Auflage: 1001 Exemplare

Verlag C.H. Beck